太史公书知意

刘咸炘　著

张大可　徐兴海　校注

商务印书馆
The Commercial Press
创于1897

2018 年 · 北京

图书在版编目(CIP)数据

太史公书知意/刘咸炘著;张大可,徐兴海校注.—北京:商务印书馆,2018
ISBN 978-7-100-15766-7

Ⅰ.①太… Ⅱ.①刘… ②张… ③徐… Ⅲ.①《史记》-研究
Ⅳ.①K204.2

中国版本图书馆 CIP 数据核字(2018)第 017394 号

太史公书知意

刘咸炘 著

张大可 徐兴海 校注

商 务 印 书 馆 出 版
(北京王府井大街 36 号 邮政编码 100710)
商 务 印 书 馆 发 行
北京洲际印刷有限责任公司印刷
ISBN 978-7-100-15766-7

2018 年 10 月第 1 版   开本 710×1000 1/16
2018 年 10 月第 1 次印刷   印张 12 1/2

定价：70.00 元

题　记

　　"史记"这一概念，原指史官所记，在上古是"史籍"的通称。司马迁所作《史记》原题《太史公书》，又称《太史公记》，到了东汉桓灵之时，为《史记》之名所代替，成为后世的通称，可以看作是《太史公记》的简称。刘咸炘认为：起于班氏父子以古"史记"之名称迁书，尊之也，可备一说。旧时学者中尊古者仍称《史记》为《太史公书》。刘咸炘所作《太史公书知意》就称《史记》为《太史公书》。

　　刘咸炘是民国年间蜀中知名学者，亦是人世间不可多得的才子，1932年英年早逝，享年仅 36 岁，而著述达 235 部，475 卷，总记为《推十书》，可谓著作等身。刘咸炘博学多才，经史子集四部皆通，是名实相符的国学大师。1916 年，刘咸炘 20 岁即出任成都尚友书塾教席，自 1926 年迄于逝世，即 30 岁许先后兼任敬业学院哲学系主任及成都大学、四川大学教授。先生识见精微，学贯中西，"学者咸服其教，讲课之时，教室座无虚席，门窗之外，环立而听者尚有多人"（《刘咸炘先生传略》）。时人将先生比肩北大教授刘师培。

　　《太史公书知意》是刘咸炘先生的史学论著前四史知意之一。四史知意为：《太史公书知意》、《汉书知意》、《后汉书知意》、《三国志知意》。中国传统史学，贯通古今的纪传体二十四史，世称正史，用今语说即为国史，前四史最为知名，历来受到重视，四史均有注疏。传统的注疏，偏重微观，在名物典章、地理治革、文字校勘、音韵训诂、版本源流，以及字句朗读等方面下功夫，旨在读懂原文字面意义。方法是抄撮材料，排比引证，集甲说乙云，唐代形成的《史记》三家注是传统方法的一个界碑。传统方法由汉至清乾嘉考据，历经 2000 年没有多大改变。现当代的《史记》研究宏观与微观并重。当代的古籍整理是传统微观研究的延伸，成果表现为点校、新注、解读、语译等注疏工作。宏观研究阐释思想内涵，大量的论文、论著表明了宏观研究为主流。《太史公书知意》，顾名思义，"知意"，即洞悉、研讨文本的思想内涵，刘咸炘开启了《史记》的宏观研究，研读不只是要知其字面意义，更要洞悉思想内涵。刘咸炘创立的"知意"

这一概念是一个新词，引领时代风气之先。《太史公书知意》的研读方法，仍以传统的，按一百三十篇顺序，用章句的读书方法研讨若干条字句以及史事的思想内涵，微观研究与宏观研究相结合，是传统方法迈向现当代论说方法的一个过渡时期的示范之作，也是近代《史记》研究的一部名作，在当今《史记》研究中仍具有重要的参考价值，值得校注出版并介绍给《史记》爱好者与研究者。成都武侯祠杨代欣先生为本书出版提供了刘伯谷、朱炳先两位作者合写的《刘咸炘先生传略》，借出版之机，深表感谢。校注者二人：张大可，北京师范大学历史学院特聘教授、中国史记研究会会长。徐兴海，无锡江南大学人文学院教授，中国史记研究会理事。中国史记研究会将我们二人凝聚在一起，共同校注了《太史公书知意》，值得在此书写一笔。

是为题记。

校注者
2018 年 8 月

刘咸炘先生传略

刘伯谷　朱炳先

刘咸炘，字鉴泉，别号宥斋。先世湖北麻城人，明季入蜀，居眉州，继迁温江，后徙双流，遂隶籍焉。先生于清光绪丙申（1896）生于成都纯化街"儒林第"。祖刘止唐先生，名沅，即列传《清史·儒林》者也。止唐先生于清道光、咸丰间，以儒学教授门徒。讲学槐轩①，著书数十种，自成一家，培育人材，遍于巴蜀。其父子维，名桢文，止唐第六子也。继志讲学，至于耄年，槐轩之教益宏，生徒益众，蜀人至以"三巷子"（纯化街又名三巷子）称之而不名，其见重如此。子维年五十五始得先生，故止唐孙辈以先生为最幼，行二十四，门徒以"四先生"尊称之。

先生幼而绝慧，初学步即喜书。甫四龄，日问难于子维。五龄，即效前人弄笔，日窥鸡群，仿作《鸡史》。先随从兄咸荥（字豫波，清拔贡）学，未几，咸荥语人曰："四弟聪慧异常，所问辄博而深，吾不能胜其教也。"于是子维亲为教读，暇则任其自修。先生笃学好问，尤喜翻书，日由书斋抱书数十册入"内楼"（先生读书楼名），翻阅已，复送书斋，出入往返，日常数次，时仅九龄，勤已如是。族人戏谓之"老秀才"。太夫人亦笑比为陶公之运甓②，而忧其杂乱无成。子维曰："老四自有用地，不必为之过虑也。"先生校雠③之学殆基于是矣。

甲寅（1914），子维先生卒，先生乃就从兄咸焌（字仲韬，清光绪癸卯年［1903］举人，创办尚友书塾）学，初问文之醇肆，乃究班书。继读

---

① 槐轩：刘止唐先生讲学处，在今成都纯化街。

② 陶公之运甓：甓，砖。陶公，陶侃。晋人，为广州刺史时，日运百甓习劳。曰："吾方致力中原，过尔优逸，恐不堪事。"

③ 校雠：即雠校。校对，校勘。刘向《别录》："雠校者，一人持本，一人读析，若怨家相对，故曰雠也。"

章实斋①书，益知著述体例之原，撰《汉书知意》四卷，是为史学评论之始。丙辰（1916）以后，任尚友书塾塾师，于是遍翻四部，旁涉西书，敏而且勤，独具慧眼，见解盖精，著述日富，尤究心于校雠学及史学。自谓："原理方法，得自章先生实斋。首以六艺统群书，以道统学，以公统私，其识之广大圆通，皆从浙东学术而来。所谓校雠者，乃一学术方法之名称，以此二学代表读书辨体知类之法而已。"又谓："吾之学，其对象一言以蔽之曰史。此学以明事理为的，观事理必于史，非但指纪传、编年，经亦在内。子之言理，乃从史出，周秦诸子亦无非史学而已。横说则谓之社会科学，纵说则谓之史学，质说、括说则谓之人事学。"又谓："能知尚书、春秋、纪传三者禅变之故，即可窥史迹变化交互。必有变化交互之史，乃能文如其事，而史之良者尤在能推见至隐，原始察终。后世史家重朝政而轻民风，详实事而略大势，史实所以狭也。"其论方志之学云："一代有一代之时风，一方有一方之土俗，一纵一横，各具面目，史志之作，所以明此也。国史记注之上，更有撰述，撰述之上，更有贯通之识，为文之主而存于文外。自章先生出而撰述之道大明，贯通之识，亦有端绪，惟方法则止粗有记注之法。章先生所撰，诚撰述矣。而贯通之识，仍未之见。"于是撰《蜀诵》，以政事、土俗贯论，述四川地方史古今变迁之大势，明方志之有方志之精神，与国史异。此先生识见所以较章先生为卓也。先生论先秦诸子，别具卓识，服膺孔孟而追本老子，以老子为孔子之师。其衡量诸子，即以道家之观变，儒家之用中，以定诸子之纯驳。谓："诸子之学有二类：一曰人道，二曰群理。人道论为人之术而究及宇宙，群理则止及治群之术而泛及政事。如道家、儒家皆主人道，而墨翟、商鞅则惟及群理。"

先生论文学之旨，因其所处之时代，学者多承清末文士之习，喜读唐宋八家②或高谈八代③，俗调庸腔，浅陋已甚，文字之用日狭，乃撰《辞派图说》以药之。其略谓："文集盛于东汉，作者皆工词赋，承子政④之法而

---

① 章实斋：即章学诚，清史学家，会稽（今浙江绍兴）人，乾隆进士，官国子监典籍，邃于史学，以纂修方志，为时所重。
② 唐宋八家：指唐代韩愈、柳宗元和北宋欧阳修、苏洵、苏轼、苏辙、王安石、曾巩。
③ 八代：指东汉、魏、晋、宋、齐、梁、陈、隋。
④ 子政：即刘向，西汉经学家、目录学家、文学家。

加枚、邹、东方、司马①之辞采，施之诸文，乃成东汉之体，剪裁齐整，下开魏、晋、齐、梁，艺盛辞浓，文质彬彬，远祖荀、屈②，近称子政，大家如班、蔡、曹、陆③，所谓不分骈散之古文也。能择数家而熟玩之，即可俯视一切。然必先具子史之识，乃能探文辞之妙。"1919 年五四运动兴起，提倡写白话文。当时守旧复古之士，皆持异议，先生独非之，著《白话文平议》。1924 年先生以白话文写作，如宣讲本《该吃陈饭》，短篇故事《瞽叟杀人》、《孟子齐宣王章说话》、白话译《梦溪笔谈·杜五郎》等及其他白话文，集成一本名《说好话》，惜稿多散佚未刊行。使先生尚生于今日，睹白话文之发达昌盛，其识见又何如耶？

先生学广识高，通观达变，凡天人性命微显本末之义，古今中外同异利弊之故，罔不穷究原委，悉加阐述。总挈纲旨者有《两纪》、《中书》；辨天人之微，析中外之异者有《内书》、《外书》；《左书》知言，而《孟子章类》、《子疏》、《学变图赞》、《诵老私记》、《庄子释滞》、《吕氏春秋发微》皆属之，此所谓子学也；《右书》论世，而《太史公书知意》、《汉书知意》、《后汉书知意》、《三国志知意》、《史学述林》、《学史散篇》、《翻史记》、《蜀诵》、《先河录》皆隶之，此所谓史学也；上溯向、歆④，辨章体器，存《七略》意于四部，以辟校雠芜秽之作，则有《续校雠通义》、《目录学》、《校雠述林》、《校雠丛录》，而《内楼检书记》、《旧书录》、《旧书别录》附焉；申彦和⑤之论，戒以文灭质，树文学轨模之作，则有《文心雕龙阐说》、《诵文选记》、《文学述林》、《文式》、《文说林》、《言学三举》，而《子篇撰要》、《古文要删》、《文篇约品》、《简摩集》、《理文百一录》、《史流百一录》、《告语文百一录》附焉；明仲伟⑥之旨，主以风救骚，而扶诗之质干者，则《诗评综》、《诗本教》、《诗人表》之外，复有《一饱集》、《从吾集》、《风骨集》、《风骨续集》、《三秀集》、《三真集》之选；词则有《长短言读》、《词学肄言》；曲则有《读曲录》；论书法之作有《弄翰余沈》；他作如《学略》、《浅书》、《书原》、《论学韵语》、《治记绪论》、《治史绪论》等，

---

① 枚、邹、东方、司马：指枚皋、邹阳、东方朔、司马相如。

② 荀、屈：指荀况、屈原。

③ 班、蔡、曹、陆：指班固、蔡邕、曹植、陆机。

④ 向、歆：指刘向、刘歆。

⑤ 彦和：即刘勰，《文心雕龙》作者。

⑥ 仲伟：即钟嵘，南朝梁颍川人，著有《诗品》三卷，列汉魏至齐梁五言诗作者，详其优劣，分为上、中、下三品。每品之首各冠以序，妙达文理，与《文心雕龙》并称。

则论治学门径，以授生徒者也。计先生所著之书，共二百三十五部，四百七十五卷，总名《推十书》。"推十"者，先生书斋名也。

先生著书之法，先为札记，二十岁前，即有札记副本。执讲尚友书塾后，每阅一书，即于书眉批、校、评、识，短者数言，多者数十百言，朱墨灿然，粗具纲领。继乃修补成篇，或又删并综贯以成各种著述。先生所藏中外书籍二万三千余册，书眉副页，悉有批注。现存四川省图书馆。先生著书，凡主一义，古人已言者必称述之，不足者引申之，本言公之旨，表先哲之长，尤所乐为。其所见精核宏通，出人意表之地，皆资深积厚，自抒心得，使读者寻绎无穷，有如入宝山，如涉珊海之感。居尝自谓为"骨董行中识货人"。又谓："若问吾学，庶几可附儒道两家之后。"其所诣与志盖可见矣。并世学人，广西梁漱溟尝语人云："余至成都，唯欲至诸葛武侯祠堂及鉴泉先生之读书处。"并转载其《内书·动与植》一文于《中国民族自救运动最后觉悟》中，作为附录。修水陈寅恪，抗日战争时期来蓉讲学，搜访购买先生著作，遍及成都书肆，谓其识见之高，实为罕见。浙江张孟劬亦宗章氏，见其著作，称为"目光四射，如珠走盘，自成一家"。盐亭蒙文通与先生有雅故，尝怂其重修宋史，亦谓"其识骎骎度骕骦前，为一代之雄，数百年来一人而已"（《四川方志·序》）。殆非虚誉也。1982 年日本学者亲到四川省图书馆查阅《推十书》抄写资料。继此，西德学者亦托人到图书馆查访先生著作。先生学术，已为国际所重视，岂非国家之光耶？

先生容貌清朗，长身白皙，虽所成荦荦，顾无矜骄之气，门户之见，和易不拘而谦衷自牧。主讲尚友书塾，自 1926 年迄于逝世，又先后兼任敬业学院哲学系主任及成都大学、四川大学教授。学者咸服其教，讲课之时，教室座无虚席，门窗之外，环立而听者尚有多人，至今亲受其教者，犹能道其状云。先生惜人才之难，虽一得寸长，悉为奖饰。教泽所施，质下者不倦诱掖之；寒畯[1]志学，力有不及者，尤乐成全之，不使废学。其冀学者深造，尝募资就书塾设研究班，按季发助学金，以赡膏火[2]。其行谊感人者类此。庚午（1930）、辛未（1931）之际，始一游青城，再游峨眉，壬申（1932）之夏，又蹑窦峗[3]，登剑门，览诸山之胜，皆有游记诗

---

① 寒畯：旧时指所谓贫穷的读书人。
② 膏火：指求学的费用。
③ 窦峗：山名，在四川江油境。

歌。北游溽暑遄征，归而染疾，甫浃月，八月初九日，咯血而殁，年仅三十又六。亲友生徒，莫不叹惋！人谓其著书之多，年寿之不永，皆与刘申叔①相类。使天假以年，期颐耄老至于今日，其成就固未可限量也。1933年春，归骨于双流苏码头之蒋家店，附母茔也。先生母氏曰王，曰谢，先生为母谢出。姊一，适华阳朱稚松。配绵阳吴氏，早先生卒，继配华阳万氏，生三子：恒艺（伯谷），恒甄（器仲），恒堇（叔固）。先生殁时皆幼小，恒艺未周三岁，赖祖母及母抚养，今皆成立。

---

① 刘申叔：即刘师培。江苏仪征人。早年入中国同盟会，曾讲学四川国学院，执教北大，其家世传汉学，对经学、小学及汉魏诗文皆有深入研究，撰述繁富。

目　录

太史公书知意一 *

序 论

史之质有三：其事、其文、其义。而后之治史者止二法：曰考证，曰评论。考其事，考其文者，为校注；论其事，论其文者，为评点。独说其义者阙焉。

盖史法之不明久矣。《太史公书》，人所共读，而前人用功最深者，莫如方苞①、梁玉绳②。方则借以明其所谓古文义法，梁则借以考秦、汉前事迹，二人之说义例，较多于他人。然梁氏止知整齐，方则每失凿幻。盖考据家本不明史体，而古文家又多求之过深，二人之外，皆视此矣。吾既撰《汉书知意》，复究《太史公书》，亦作《知意》六卷，体与《汉书知意》同，偶涉考证、论事、论文，必与义例有关。是书前人议论甚多，故辨驳加详，非不知恣为击难，坐长烦③芜，欲明本义，不得不然耳。至于考证家所举字句之讹误，古文家所标章段之神奇，亦不录也。

己未年闰七月初稿

己巳年十二月重修，二十三日毕④

---

* 本书标点依据辛未（1931）年成都尚友书塾《推十书》之《太史公书知意》（以下简称"辛未本"）。参校 1996 年成都古籍书店影印本《推十书》（以下简称"蓉本"），以及上海科学技术文献出版社 2009 年版（以下简称"沪本"）。

① 方苞（1668—1749）：清安徽桐城人，字灵皋，号望溪，亦号南山牧叟。桐城派散文创始人。对《史记》颇有研究，著有《史记注补正》、《汉文帝论》。其《史记评语》说："义即《易》之所谓言有物也，法即《易》之所谓言有序也。以义为经，而法纬之，然后为成体之文。"提倡"义法"，为桐城派散文理论奠定了基础。然桐城派另一领袖姚鼐对其《史记》研究批评说："其阅《太史公书》，似精神不能包括其大处、远处、疏淡处及华丽非常处。"（《与陈石士书》）

② 梁玉绳（1744—1792）：清浙江钱塘人，字曜北，号谏庵，又号清白士。家世贵显，不志富豪。于《史记》、《汉书》专精尤多。以二十年之功力，著《史记志疑》三十六卷，据经、传以纠乖违，参班（固）、荀（悦）以究同异，凡文字之传讹，注解之附会，一一辨析，兼下己意。论者谓其有功于司马迁，可与《集解》、《索隐》、《正义》并传，是乾嘉史学的代表作之一。

③ 烦：沪本作"繁"。沪本与本次标点同以辛未本为底本，却有字句不同。

④ 己未年：即 1919 年。己巳年：即 1929 年。

治史公书须明四义，先总举之。

一、辨真伪

是书本有缺亡，又经续补，缺亡究为何篇，当审张晏①以降之说。续补断自何处，当辨史公作书之年。以是纷纠，论者歧异，梁玉绳考之最详，近人崔适②复创异说，今具录之如下：

> 梁氏《史记志疑》曰："按：史公作史，终于太初，而成于天汉，其殁在征和间。一部《史记》，惟《自序传》后定。其曰'至太初而讫'者，史作始于太初元年，即以太初终也。曰'论次其文，七年遭祸'者，明未遭祸以前已为《史记》，至是乃成也。若所称'麟止'者，取《春秋》绝笔获麟之意也。武帝因获白麟，改号元狩，下及太初四年，凡廿二岁。再及太始二年，凡廿八岁。后三岁，而为征和之元。太始二年，更黄金为麟趾、褭蹄，盖追纪前瑞焉。而史公借以终其史，假设之辞耳。又曰'七年'者，太初元③至天汉三年也。观《报任安书》，史公征和中尚存，其《史》成于天汉，而实以太初为限。《汉书·迁传·赞》谓《史》讫天汉，张守节④《正义·序》、吴

---

① 张晏：东汉初年班彪在其续《史记》的《后记略论》中提出："太史令司马迁作本纪、世家、列传、书、表凡百三十篇，而十篇缺焉。"班固在《汉书·司马迁传》中也说："《史记》凡百三十篇，五十二万六千五百字……而十篇缺，有录无书。"三国时期，魏人张晏著《汉书音释》四十卷，在注《汉书·司马迁传》时对缺失的十篇篇名做了考证："迁没之后，亡《景纪》、《武纪》、《礼书》、《乐书》、《律书》、《汉兴以来将相年表》、《日者列传》、《三王世家》、《龟策列传》、《傅靳蒯列传》。元成之间，褚先生补缺，作《武帝纪》，《三王世家》，《龟策》、《日者》列传，言辞鄙陋，非迁本意也。"

② 崔适（1852—1924）：清浙江吴兴人，字怀瑾，一字觯甫。受学于文字学大家俞樾，治校勘训诂之学。著《史记探源》八卷，旨在恢复《史记》原貌，谓《史记》本是今文经学，大胆怀疑，认为因为刘歆及后人之窜改，乃杂有古文。

③ 元：沪本"元"后有"年"字。

④ 张守节：唐开元间人，为《史记》作注，开元二十四年（736）成《史记正义》。其序谓《史记》起讫："太史公作史记，起黄帝、高阳、高辛、唐尧、虞舜、夏、殷、周、秦，讫于汉武帝天汉四年，合二千四百一十三年。"

仁杰①《刊误补遗》从之，殊失考。史公《高祖功臣表·序》云'至太初'，此《传》云'汉兴，至太初百年'，又云'至太初而讫'，他若《荀纪》、《后书·班彪传》及《史通》②《六家篇》、《古今正史篇》皆云'讫太初'，即《汉书·叙传》亦云'太初以后，阙而不录'，则《迁传·赞》辞明属妄谈。盖误以李陵之降为断，复见诸处后人增加之语，遂认《史》不终太初矣。"

炘按：梁说详矣。《迁传·赞》当谓成之年耳，不然，孟坚何健忘如是？

崔适《史记探源》曰："《太史公自序》曰：'卒述陶唐以来，至于麟止。'《集解》：张晏曰：'武帝获麟，迁以为述事之端。上包黄帝，下至获麟，犹《春秋》止于哀十四年春获麟也。'然则《孝武本纪》当止于元狩元年冬十月获麟，犹《春秋》止于哀十四年春获麟也。是时尚以十月为岁首，元狩之冬，犹《春秋》之春也。年表、世家、列传称是。乃篇末更载太史公曰：'余述历黄帝以来，至太初而讫。'却逾麟止年限二十二。《建元以来侯者年表》末，褚先生曰：'太史公记事，尽于孝武之末。'又逾太初年限十四。《集解》、《索隐》、《正义》皆谓终于天汉，犹介乎其间尔。更较全书，《酷吏传》

---

① 吴仁杰：南宋昆山（今属江苏苏州）人，字斗南，一字南英，号蠹隐、蠹豪。著《两汉刊误补遗》，对《汉书》、《后汉书》予以勘误补遗。《四库提要》谓："仁杰是书，独引据赅洽，考证详晰，元元本本，务使明白无疑而后已，其淹通实胜于原书。虽中间以'麟止'为'麟趾'之类，间有一二之附会。要其大致，固瑕一而瑜百者也。"《两汉刊误补遗》卷七"太史公五"有"麟止"条，专门讨论《史记》记事截止之年，谓"（颜）师古独是晏说，失之"，其说曰：卒述陶唐以来，至于麟止。张晏曰："武帝获麟，迁以为述事之端，犹《春秋》止获麟。"师古曰："晏说是也。"仁杰按：子长"自序"，为太史令五年而当太初元年，以为职当载明天子功臣贤大夫之德业，于是论次其文。十年而遭李陵之祸，卒述陶唐以来，至于麟止。盖自太初改元，至太始改元之明年，适盈十年。是岁更黄金为麟趾。趾与止通。迁所谓至于麟止者，此也。张晏乃谓迁以获麟为述事之端。按获白麟在元狩元年，子长嗣父职在元封三年，获白麟之岁未为史官也，得以为述事之端？师古独是晏说，失之矣。又云迁序事尽太初。按太初尽四年，又更天汉、太始，凡六年，而后至麟止，遗此何耶？不究子长《自序》之文，故麟止之说前后失据，而论序事所止，亦不得其实。

② 《史通》：刘知幾（661—721）撰。知幾字子玄，唐彭城（今江苏徐州）人。此书内篇三十九篇、外篇十三篇，今存四十九篇。内容主要评论史书体例与编撰方法，以及论述史籍源流与前人修史之得失。内篇为全书的主体，着重讲史书的体裁体例、史料采集、表述要点和作史原则，而以评论史记体裁为主；外篇论述史官制度、史籍源流并杂评史家得失。刘知幾最早最系统地将《史记》与《汉书》做比较研究，既肯定《史记》，又肯定《汉书》，但是扬班抑马的倾向很明显。

载杜周捕治桑弘羊昆弟子，且及昭帝元凤间事矣。《楚元王世家》王纯自杀，且载宣帝地节年号矣。《齐悼惠王世家》城阳王嘉、菑川王横卒，《将相名臣表》薛宣为丞相，且载成帝建始、鸿嘉年号矣。此《史通》所谓卫衡、史岑等相次撰续者邪？亦后人据《汉书》窜入邪？太史公所作，自当践其'至于麟止'之言。今可证成其说者八焉：《自序》引其父谈及壶遂之言，比之于《春秋》，汉时亦有获麟之事，此千载难逢之机会，必不宜舍而逾之，一也。《汉书》公孙弘与卜式、兒宽同传，主父偃与严助、朱买臣、吾邱寿王①、终军同传，《史记》止为弘、偃作传，以弘相、偃诛在麟止前故也，后此不为之传。他人姑弗论，若终军者，非《自序》所谓忠臣死义之士，其所欲传者邪？军之对策以获麟，死节在太初，如《史记》讫于太初，何不为军作传，而不为之传，非以至于麟止故邪？二也。《外戚世家》窦姬长男为太子，王夫人生男为太子，卫子夫生男名据，是则景帝、武帝为太子皆不名，独于卫太子名，何邪？未立为太子故也。立据为太子，在元狩元年四月，在获麟后，前此犹是皇子，故名。若讫于太初，安知太子之终废而名之邪？三也。别传终于淮南、衡山王，以其狱在麟止前一月也，四也。《自序》大序之末，既曰'卒述陶唐以来，至于麟止'，小序之末，又自为一节，曰'余述历黄帝以来，至太初而讫'，与上文年限起讫皆异，其为续窜甚明，五也。《汉书·司马迁传》有'至于麟止'之言，无'太初而讫'之语，六也。《扬雄传》曰：'太史公记六国，历楚汉，讫麟止。'原注曰：惟《迁传·赞》云述《楚汉春秋》，接其后事，讫于天汉。《叙传》云：太初以后，阙而不录。与此二传，意分为三，岂似一人之言？更以彪语证之，可见天汉、太初二说，皆非固语，亦后人窜入也。七也。《后汉书·班彪传》曰：'太史令司马迁上自黄帝，下讫获麟，作本纪、世家、列传、书、表，凡百三十篇。'原注曰：上文亦有'太初以后不录'之言，与此乖异。乃范氏信伪班固语，不如彪言为得实也。八也。凡此皆可为'至于麟止'之征，逾此者，据《汉书》窜入也。"

又曰："《自序》言'五年而当太初元年，于是论次其文，七年而遭李陵之祸，于是卒述陶唐以来，至于麟止。'按：此则其稿创始于太初元年，告成于天汉三年，而其述事实止于元狩元年冬十月耳。三

---

① 吾邱寿王：当作"吾丘寿王"，传见《汉书》卷三十四。

者序次，极为分明。后人误以其起草之年为述事之年，遂造太初而讫之说，以张续貂之本。此节《集解》引张晏、《索隐》引服虔，亦谓止于武帝获麟。《集解·序》引《汉书·司马迁传·赞》'讫于天汉'之言，不思《迁传》亦云'至于麟止'。班氏《叙传》又有'太初以后，阙而不录'之语，文皆出自《汉书》，说成三隅。今以《后汉书·班彪传》、《史记后传略论》太史令司马迁'上自黄帝，下讫获麟'之言证之，则天汉、太初二说，决非班固之语。裴骃《序》信《迁传·赞》，以自背其《集解》，何如据《迁传》以自申之也？"

咸炘按：崔氏执定"麟止"之语，以非太初之说，似甚强固，而实不安，何也？一则末杀证据太多，二则删削本书太甚。讫太初之证，梁氏举之甚详，序末总计之言，崔氏以为后加；序中"汉兴至太初百年"句，崔氏以为言作书之始，非事之限断，皆姑置勿论。诸表之序，向无疑者，而崔氏皆以为褚补，已不安矣。班彪《略论》、《汉书·叙传》，固皆兼言"讫获麟"，与"太初后不录"，崔氏则以"获麟"之言为真，而以"太初后不录"之言为后人窜入。凡考古书，合己说则以为真，不合己说则以为窜，乃考据家之通病。假令别有一人焉，谓"麟止"之语，乃后人妄以史公附会孔子麟止，无可取义，经生家说本迁，史公不当如此拘凿效颦，去此一语，则一切皆合，于是以凡言太初者为真，而以"讫麟止"之言为窜，崔氏①又何以驳之邪？崔氏固持刘歆改窜经史之说者。夫西汉时书尚罕传本，而刘歆又总校秘书，谓其托于秘藏善本之独见，以行其改窜，犹可言也。若东汉、魏、晋缣帛已盛，书渐易得，而《汉书》又非孤僻之物，欲以一人之力，掩众人之耳，势有难能。梁之《汉书》真本，人已不信，而谓人窜《太史书》，因窜《汉书》以自证，其可信乎？因谓此书为窜，而遂谓他书为窜，以至于无所不窜，乃今文家消灭敌人证据之法，然岂足为信乎？谓刘歆几于无所不窜，已是不近情理，况东汉以后乎？崔氏既执定"麟止"，于《吴王濞》以上诸传末语，及元狩后事者，犹止以为增窜，《南越》以下诸传，元狩事居大半，遂不得不直以为本无此目。而中间李广、卫青、公孙弘三传，元狩前后事各半者，则强将后半截去，此三人遂如生而立传，始末不全，其为割裂，亦太甚矣！故曰：崔说虽似

---

① 崔氏：沪本作"说"。该本紧接一句又作"崔氏"，恐此处亦当为"崔氏"。

强，而实不可从也。

然则"麟止"之语，将何说邪？曰：此非难解，且先征旧说也。《汉书·迁传》服虔《注》曰："武帝得白麟而铸金作麟足形，作《史记》，止于此也。"此与张晏说异。师古①曰："迁叙事尽太初，张说是也。"

　　吴仁杰《两汉刊误补遗》则曰："自太初改元、至太始改元之明年，适盈十岁。是岁，更黄金为麟趾。'趾'与'止'通。迁所谓'至于麟止'者，此也。张谓迁以获麟为述事之端，子长于获麟之岁未为史官也。"

　　王先谦《补注》②曰："《史记》成于天汉，要以太初为限。武帝获麟，改号元狩，至太始二年，更黄金为麟趾，追纪前瑞。时虽辽隔，事本一端。迁借以终其史，特假托是事，取象《春秋》，犹曰'终于获麟之代'云尔。班彪谓《史记》下讫获麟，则彪已解此为获麟矣。《史记》之作，不为感麟，迁仰希圣经，取义绝笔，文人恢③奇。难可拘阂，读'止'为'趾'，意切事理，实伤文词。"

按：以上诸说，意各不同。张晏述事之端，谓作书始于获麟时，宜遭吴氏之驳。师古从张，不思获麟之非太初。服氏、吴氏以为讫于更名黄金，又不思与班彪所谓"讫获麟"及"太初而讫"之说不合。王氏申梁氏说，而合太始名金与元狩获兽为一，调和含糊，乃归于文人恢奇，更不屡理。诸说诚不足以敌崔氏。然吴、王二说有可采者，则"趾与止通"及"终于获麟之代"二语是也。盖"麟止"者，固非谓获麟而止。"获麟而止"乃言麟止，则不成词，纵云恢奇，岂宜如是？此所谓"麟止"，本与武帝"名金"之意同。《诗》有《麟趾》，故汉人相沿，以此二字连为一名，见于词赋者不少。"麟止"即"麟"耳。盖元狩获麟，乃武帝平生得

---

　　① 师古：颜师古（581—645），名籀，字师古，隋唐以字行，故称颜师古，唐雍州万年人，生于京兆万年（今陕西西安），祖籍琅邪临沂（今山东临沂）。颜之推之孙、颜思鲁之子。作《汉书注》，参酌二十家注释，"泛说非当，芜辞竞逐，苟出异端，徒为烦冗，祇秽篇籍，盖无取焉"，"凡旧注是者，则无间然，具而存之，以示不隐"。

　　② 王先谦《补注》：指王先谦《汉书补注》。王先谦（1842—1917），清末湖南长沙人，字益吾，因宅名葵园，学人称为葵园先生。在对唐代颜师古《汉书注》校改和补充的基础上，进一步汇集了唐以后至清末六十余家《汉书》研究成果，多有创见，成《汉书补注》。本书行文称引王氏说，省称"王曰"。

　　③ 恢：沪本作"诙"。本书以下"恢奇"沪本皆作"诙奇"。

意之事，当时以为大瑞，足以表一时之盛。史公盖以是为当时一时之嘉号。其言"至于麟止"，犹言至于今上时耳。班氏言"获麟"亦然。其于《春秋》，不过偶合。《春秋》编年，故可至一条而止。纪传述事，须备始末，岂能断于一年一月间？左氏作《传》，已有后经终事，及续传麟后之文，况纪传书乎？史公纵欲摹拟孔子，亦何至舍实事就虚名，而强为断割如是邪？《序》言陶唐以来，以示折衷《尚书》，与"麟止"，皆是取义，而非以为断限。故《序》末又自画其断限，曰"黄帝以来，太初而讫"。若麟止，必是止于元狩元年十月，则陶唐必当始自帝尧元载乎？崔氏竟谓《五帝本纪》当作《陶唐本纪》，然于黄帝、颛、喾又不敢以为伪而删之，则妄引周之后稷、武王，以比黄帝、虞、舜，支谬不通，亦徒劳耳。且其所举八证，亦不足为证。第一、第五、第七、第八，上文已足破之。公孙、主父合传，自有深意，余人则非其伦。云某某贤当作传者，乃后世不明史法者之陋见，《史》本不以立传不立传为褒贬。终军死节，自在《南越传》中。岂在《南越传》即未足以传之邪？二不足证也。或书太子，或书名，《史》于此等小例，本不齐一，不可胜举，昔人泥视皆非，三不足证也。别传终《淮南》、《衡山》，本是崔氏妄说，《史》无别传、总传之分，更无别传居前、总传居末之例。崔氏固执"麟止"，乃以汲、郑为伪，而有此说，今反以此为证，是不食致瘠，而反以瘠为当不食之证也，四不足证也。《汉书》之不录《序》末总计之词，犹之不录《序目》全文耳，此撮要省略之常，亦不足证也。覼缕[1]言之，亦以示强古人，就己说之未易安立耳。

《汉书·艺文志》、《司马迁传》及《后汉书·班彪传》并言缺十篇、有录无书。张晏谓："迁殁之后，亡《景纪》、《武纪》、《将相表》、《礼书》、《乐书》、《兵书》、《三王世家》、《傅靳》等传、《日者传》、《龟策传》。元成之间，褚先生补缺，作《武纪》，《三王世家》，《龟策》、《日者》传，非迁本意也。"颜师古曰："《序目》无《兵书》，张晏言亡失者，非也。"《史通·正史篇》与张晏说同，但止云十篇未成有录，而以张晏云迁殁后亡失为非。《索隐》谓《景纪》褚先生取班书补之，《武纪》取《封禅书》，《礼》取荀卿《礼论》，《乐》取《乐记》。《兵书》亡，不补。略述律而言兵，遂分历述以次之。《三王世家》空取其策文，《日者》不能记诸国

---

① 覼（luó）：沪本缺失此字。覼缕：条理。

之异同，而论司马季主，《龟策》直录太卜占兆杂说。《正义》谓褚少孙补《景》、《武》纪，《将相表》，《礼书》，《律书》，《三王世家》，《傅靳》、《日者》、《龟策》传。《集解》引卫宏《汉旧仪注》① 谓："太史公作《景纪》，极言其短及武帝过，武帝怒而削之。后坐李陵，下蚕室，有怨言，下狱死。"《西京杂记》② 谓："武帝怒削《景纪》及己《纪》。后迁以怨望下狱死。"《魏志·王肃传》谓："武帝闻迁作《史记》，取《景纪》及己《纪》览之，大怒，削而投之。今两纪有录无书。"

吕祖谦《大事记》③ 曰："以张晏所列亡篇之目校之，或其篇具在，或草具而未成，非皆无书也。其一曰《景纪》，篇具在者也，所载间有班书所无者。二曰《武纪》，唯此篇亡。卫宏时，两纪俱亡。今《景纪》所以复出者，武帝特能毁其'副在京师者'耳。'藏之名山'，固自有他本也。《武纪》终不见者，岂非指切尤甚，虽民间亦畏祸，而不敢藏乎？其三曰《将相年表》，书具在，但前缺序。其四曰《礼书》，其序具在，自'礼由人起'以下，则草具而未成者也。其五曰《乐书》，其叙④具在，自'凡音之起'以下则草具而未成者也。其六曰《律书》，其叙⑤具在，自'《书》曰七正'以下，则草具而未成者也。其七曰《三王世家》，其书虽亡，然观《叙传》，则所载不过奏请及策书。或如《五宗世家》，首略叙其所自出，《赞》乃真太史公语也。其八曰《傅靳蒯成列传》，此其篇具在。其九曰《日者列传》，自'余志而著之'，以上皆太史公本书。其十曰《龟策列传》，其序具在，自'褚先生曰'以下乃其所补耳。方班固时，东观兰台所藏十篇，虽有录无书，正如《古文尚书》两汉诸儒皆未尝见，固不可以其晚出，

① 卫宏《汉旧仪注》：卫宏，东汉东海（郡治在今山东郯城）人，字敬仲，主要活动时期大概在东汉光武帝时代（25—57）。《汉旧仪注》，即《汉旧仪》，又名之《汉官旧仪》，四卷。主要记述皇帝起居、官制、名号职掌、中宫及太子制度、二十等爵等。今有辑本。

② 《西京杂记》：笔记小说集，汉代刘歆著，东晋葛洪辑抄。原二卷，今本作六卷。"西京"指西汉都城长安。"杂记"，记述西汉的杂史。是书既有历史也有许多遗闻逸事，与《汉书》所记稍有差异。

③ 吕祖谦《大事记》：吕祖谦（1137—1181），南宋婺州（今浙江金华）人，字伯恭，世称"东莱先生"。《大事记》是编年体史书，本欲接续《春秋》，贯通至五代，但吕不幸去世，仅止于汉武帝征和三年（前90）。全书分《大事记》、《通释》、《解题》三部分。

④ 叙：沪本作"序"。

⑤ 叙：沪本作"序"。

遂疑以为伪也。"

殿本《考证》张照①曰："晏所称褚先生补者，一纪、一世家、二传，而余六篇并未著为谁氏所补。又六篇中，《兵书》本无，则止九篇，与班固十篇缺者又不符合。然则其五篇之果缺否，亦难信也。今择其如《孝武纪》等之灼然无疑者，则低一格刻以别之，余并存疑。子曰'吾犹及史之阙文也'，古人疑以传疑，其为功后世岂浅邪？顾班固作史时，十篇虽亡，而或后人得之，若河内女子②之类，亦属事之所有。或今之所缺，转不至十篇之多。惜载籍阙如，不可得而考也。《武纪》全录《封禅书》，盖虽褚先生亦不至是愚陋谬妄！张晏定为褚先生补，亦臆说也。至《迁传》，又云：'迁死后，其书稍出，宣帝时，迁外孙杨恽祖述其书，遂宣布焉。'乃《魏书·王肃传》谓武帝闻其述《史记》，取《景帝》及己《本纪》，削而投之。后坐举李陵降匈奴，下蚕室，有怨言，下狱死，诚齐东之语③矣。又迁腐后为中书令，尊宠用事，故人任安书责其不能荐天下豪杰，迁之《报书》，具载本传。《书》云：'仆诚已著此书，藏之名山，传之其人，通邑大都，则偿仆前辱之失，虽万被戮，岂有悔哉！'是迁被刑久而书尚未成也。卫宏《旧汉仪注》云云，与《王肃传》同以是书成于救李陵前，何其谬哉！梁氏曰：'卫宏等言史公之死，竟似北魏崔浩。然《汉书·迁传》但云迁死，未闻有下狱之事。况被刑后，为中书令，尊宠任职，故其《报任安书》称'著史未就，会遭陵祸，甘隐忍成一家言，以偿前辱，不复推贤进士'，则死狱之说固虚，而以为成于救李陵之前亦谬。且史迁书死后稍出，至宣帝时始宣布，明载本传，武帝安得见之？且《史公自序》曰：'天下翕然，大安殷富，作《孝景本纪》'，'汉兴五世，隆在建元，作《今上本纪》'。可知纪中必不作

① 殿本《考证》张照：指张照《殿本史记考证》，以下行文省称殿本《考证》。张照，清康乾时华亭（今属上海）人。初名默，字得天，一字长卿，号泾南，别号天瓶居士。殿本专指清代武英殿所刻印的图书，中有《二十四史》三千二百四十九卷。

② 河内女子：指汉宣帝时河内郡女子献上自己发现的《尚书·泰誓》。《尚书序·正义》引《别录》："武帝末，民有得《泰誓》书于壁内者，献之"；又引房宏等说："宣帝本始元年，河内女子有坏老屋得古文《泰誓》三篇。"东汉王充《论衡·正说》："孝宣皇帝之时，河内女子发老屋，得《易》、《礼》、《尚书》各一篇奏之……而《尚书》二十九篇始足矣。"是说有河内女子在武帝末或宣帝初因坏老屋而得《泰誓》一篇（或分上、中、下），献于官府。《尚书》中原有《泰誓》一篇，已为《史记》所引，河内女子所献乃新出。

③ 齐东之语：齐东原指齐地东部，此处谓无证之言，不足信凭。

毁谤语，只残缺失传耳，岂削之哉！且《封禅》、《平准》诸篇，颇有讥切，又何以不削？而其八篇不尽是讥切，非关怒削，又何以俱亡？若谓史公未成，则《自序》中篇目完全，并字数亦明白记载，何云未成？至班固生于东汉，其书成于章帝建初中，乃司马贞言褚生以元、成间人而取用之，有是理乎？更可笑者，张晏诸人，动言褚生补《史》，今即其所数十篇明言褚补之者，惟《三王世家》，《日者》、《龟策》两传，其余七篇，安得概指为褚作邪？如补《史》止属少孙一人，则《始皇纪》末附《秦纪》及班固语；《高祖》、《惠景侯表》增入征和、后元；《封禅书》增天汉后事；《楚元王世家》增地节时事；《齐悼惠世家》增至建始；《曹相国世家》增曹宗征和时坐法；《贾谊传》书贾嘉至昭帝时列为九卿；《韩信传》书韩增续侯；《郦商传》书侯宗根坐法免；《张丞相传》续车丞相下七人；《李将军》续李陵事；《匈奴传》载天汉已后李广利降匈奴；《卫将军骠骑传》载诸将公孙贺坐巫蛊灭族；《平津主父传》载王元后诏及班固所称；《司马相如传》改易赋词，及剿入班固引扬雄语；《酷吏传》添入《汉书·减宣传》及杜周为执金吾后事。凡此众端，讵皆少孙为之欤？又如晏等所数十篇，则《三代世表》、《建元侯表》、《外戚世家》、《梁孝王世家》、《田叔传》、《滑稽传》，少孙俱有附益，何以不在十篇之数欤？而十篇之中，《兵书》既《序目》所无，则止九篇，与前、后书言十篇不合。若云《律》、《历》本一而分次之，则史公《序目》原分为二书也。据《艺文志》，《冯商续太史公七篇》注：韦昭曰：'冯商受诏，续《太史公》十余篇，在班彪《别录》。商字子高。'师古曰：'《七略》云商，阳陵人，事刘向，与孟柳俱待诏，颇序列传，未卒，病死。'《张汤传》注亦云。《班彪传》：'《史记》自太初以后，阙而不录。好事者或缀集时事，然多鄙俗，不足踵继其书。'李贤注：'好事者谓扬雄、刘歆、阳城衡、褚少孙、史孝山之徒。'又《史通·古今正史篇》：'续《史记》诸儒有刘向、刘歆、冯商、卫衡、扬雄、史岑、梁审、肆仁、晋冯、段肃、金丹、冯衍、韦融、萧奋、刘恂等。迄于哀、平，犹名《史记》。'则补《史》非少孙一人明矣。今读《孝景纪》所书，惟大事另一体格，后世史家作帝纪，多祖此例，且有《汉书》所无者。宋真德秀录《景纪·论》于《文章正宗》，亦以为史公之笔，夫岂他人所能伪哉？《将相名臣表》惟缺前序，自高祖元年至太初四年，完然具存。

天汉以下，后人所续，亦如《建元侯表》之类，非本表有未全也。《律书》即是《兵书》，《易》称'师出以律'，而古者吹律以听军声，所以名律为兵。《索隐》已尝论之，观本书及《自序》可见，乌得以为阙乎？《傅靳传》非史公不作，其叙事而有法，与《曹相国世家》、《樊郦滕灌传》同一体例。孟坚仍其文，少所删润，其阙安在？盖《史记》凡阙七篇，'十篇'乃'七篇'之讹，故两《汉书》谓十篇无书者固非，而谓九篇俱存者尤非也。七篇者，《今上本纪》一，《礼书》二，《乐书》三，《历书》四，《三王世家》五，《日者传》六，《龟策传》七。或问以十篇为七篇之讹何据？曰：《史》、《汉》中，七、十两字互舛甚多。王拯《史记评》[①]曰：'臣照所论详矣，所据《报任安书》，尤为确据，史公所自言也。《史》本子长未定之稿，补者非褚少孙一人，缺止篇目，亦不一说。窃谓如《孝武纪》、《三王世家》，理宜从缺。《三王世家》当是褚少孙，《武纪》乃并非褚先生笔。《礼》、《乐》二书，原本未缺。所补似亦未必褚手。《兵书》则张晏以《律书》而误，亦并未缺。《傅靳列传》，俨然完书，《日者》、《龟策》列传，与《礼》、《乐》书略同。《景纪》后人所补。'方氏说亦云然。其果少孙所补与否，犹未可知，而少孙所补，又有在此十篇外者，如《外戚世家》、《楚元王世家》、《齐悼惠王世家》、《曹相国世家》、《梁孝王世家》、《贾谊传》、《田叔传》、《滑稽传》、《匈奴传》、《卫将军传》，不一而足。至《太史公自序》后简，则又鄙愚所有疑也。"

咸炘按：卫宏武帝削投之说，张晏十篇之目，张晏、司马贞归狱褚生之说，张、梁二氏辨之明矣。缺亡之究为何篇，则尚有未可定也。吕氏九篇具存之说固非，《律书》虽未可直断为补，然已甚可疑。《三王世家》、《日者》、《龟策》二列传前半固非褚补，然《三王世家》、《日者列传》，褚生皆明言求之不得而补之。赞、世家末论，亦出后人影撰。《龟策传》褚虽未言求之不得，而其前半与《日者传》前半正同，皆与《自序》不合，显非史公文也。梁氏七篇之说，亦未遂可信。《礼书》、《乐书》二篇前半，

---

① 王拯《史记评》：王拯（1815—1876），清广西马平人，初名锡振，字定甫。著有《归方评点史记合笔》等。此书将归有光、方苞二人对《史记》的圈点、评论、注疏、考据等综合在一起，并提出自己对《史记》叙事手法、结构安排、艺术特色、语言表达等的研究心得，"以辅归、方两先生所未尽言"。

皆不惟不似《日者》、《龟策》传之疏谬，且有义旨可言，无由断为伪托。与《景纪》、《傅靳传》正同也。且《礼书》、《历书》，梁氏皆以为存序、论，《史公书》本无所谓序，即正文耳。既有文，安得为无书？王氏之说尤疏。谓《礼》、《乐》书为不缺，胜于梁氏，而信《日者》、《龟策》为真，则误同于吕氏。以《景纪》为补，更误同于张晏，而疑《自序》后简，又其自创之谬说。至所举十篇外褚补者，又误以续为补矣。夫补与续大不相同，补者，篇简俄空，而补其亡也；续者，原文具在，而附记于后也。褚生所加，实兼二者。自张晏以降，言褚先生补者，皆含糊不明。凡褚生所补所续，皆明标"褚先生曰"，未尝混无识别。张晏以降，言褚补者，乃于其所认为非原文者，悉归之褚，此无稽之武断，虽梁氏亦不免者也。今别择含糊之说，定据明验而总计之。褚生之时已亡，而褚据《自序传》补之者，凡二篇，曰《三王世家》、《日者列传》。而今本前半，则又不出褚生。不知何人补者，凡二篇，曰《今上本纪》，以其全录《封禅书》也；曰《龟策列传》，以其与《自序》不合也。张晏所举褚补，恰此四篇。而今不悉以为褚补者，无验也。全书之亡，仅此耳。虽然，如是则不特与"十篇有录无书"之说显不合，即七篇亦不合矣。"十篇有录无书"之说，非出张晏也，乃《汉·艺文志·注》之言也。《汉·艺文志》自班所增数书外，皆本《七略》，其《注》乃刘向、歆《别录》之文也，非如吕氏之言，班氏时始无其书也。若曰班彪本止言缺，不言亡，当如吕说草具未完，则虽未完而篇具存，安得云"有录无书"邪？将谓十篇之"十"乃"四"字之讹邪？则"四"之讹为"十"，不若"七"之近也。将从梁氏之说邪，则《礼》、《乐》、《历》书正与《景纪》、《将相表》、《傅靳传》等，何以定此是补，而彼非补邪？无已，则惟有二途：一则全从张晏之说而修正之。晏，晋人，去古未远，今书虽似史公作，实则续者所补。续者中固有能手，但非褚耳。二则从吕氏、张照"亡篇复出之说"而修正之。复出者，止六篇，余四则竟亡耳。然此二说亦皆有难，难即在《傅靳传》。此传据功状叙之，与《曹参》、《樊》、《郦》诸篇同，不但非伪，亦非续书者所能补。若是复出，则是班氏父子所不见，何《汉书》用其文邪？推勘至此，吾不得不曰：十篇无书，今无以质言，惟不信其明非原本，而且信其似原本者而已。

崔适《史记探源》所指亡篇续书，较前人尤多。适本治《春秋》今文家说，谓刘歆窜改经史，又固执"迄于麟止"之语，谓《史》不当书元狩以后事，于是凡《史》之言《春秋》古文、终始五德，诸非今文说及记元狩以后事者，悉指为伪，或则文中窜入，或则全篇皆伪，其说甚悍。然细审之亦不安，今录而驳之。

崔氏曰："今之篇目、篇文，不但非太史公之旧，亦非班固、张晏时之旧。今十篇皆补，无一缺者，转视班、张时为备矣，其可信邪？正足为残缺益多之反比例也。《武纪》等篇，亦非褚先生补。八书皆赝鼎，惟《景纪》、《傅靳列传》转不似缺。今姑舍是，证其为通篇皆伪者二十有九：《文纪》、《武纪》、《年表》第五至第十，八书，《三王世家》，《张苍》、《南越》、《东越》、《朝鲜》、《西南夷》、《循吏》、《汲郑》、《酷吏》、《大宛》、《佞幸》、《日者》、《龟策》等十二列传是也。惟《年表》第五至第九，当是褚先生补，余皆非才妄续。"

又曰："凡《史》、《汉》文同，有《汉》录《史》者，有窜《汉》入《史》者。《汉》录《史》者姑弗论，窜《汉》入《史》者，如《平准书》者，断头刖足之《食货志》也；《五宗世家》广川惠王章者，截胸斧腰之《景十三王传》也；《十二诸侯年表序论》者，剖腹纳肝之《七略》也；太史公称扬雄语者，改头换面之《班赞》也。前一类，全录《汉书》，后三类，《史》、《汉》杂糅。全录《汉书》者，补缺也；《史》、《汉》杂糅者，续窜也，'麟止后'语，亦是也。"

又曰："'太初而讫'者，褚先生补，托之太史公者也。尽于孝武者，后人所续，托之褚先生者也。孝昭后事，无所用其托矣。"

又于《汉兴以来诸侯年表》曰："此篇以下，褚先生补，而托之太史公者也，犹非褚先生，而托之于褚先生也。知是褚先生补者，其人能补《史记》，必与太史公文相似，不在杨平通下。"

又于《建元以来侯者年表》下曰："末云'后进好事儒者褚先生曰'，太史公记事，尽于孝武之事，曾谓褚先生并'太初而讫'之言而食之乎？此诡托褚先生之辞。"

咸炘按：崔说之不可通，观吾上文所辨已可以知之矣。崔氏既谓今本非班、张之旧，残缺益多，然则张氏所谓缺者，今当仍阙，何《景纪》、《傅靳传》又独存邪？《景纪》、《傅靳传》之不似补书，虽崔氏亦不能强说为伪。此二书既为张指之伪，而今证为真，则今本之非班、张之旧，十篇皆全，乃亦可为残缺益少之证矣。以旧亡今在为他篇亦亡之反比例，不知是何论理？即此十篇诚伪，亦不足为他篇有伪之证，而况乎十篇中又有两篇非伪乎？十篇无书之说之难于考定，即在此二篇。崔氏言此二篇转不似缺，何故转不似缺耶？乃遂曰姑舍是，是固未尝深思而含糊以了之耳。崔氏必曰十篇无书，今不能质定，今伪者乃二十九，则十篇在其中矣。然班氏父子所见，犹仅缺十篇，而今本则又张晏、徐广以来之旧本。自东汉和帝时至西晋未久也，何顿亡十九篇，而后皆补完邪？如崔氏说，《文纪》、《律书》至《平准书》、《张苍传》，《南越》至《佞幸传》十七篇，皆录《汉书》，是补者在班氏后，其去晋未久也，何魏、晋间人皆未尝言之邪？尤有谬者，崔氏于《三王世家》及《南越》至《佞幸》九篇，不止谓亡，而直谓其目亦非《史记》所有，然则是班书补《史记》者之所造也，何班书《迁传》乃列其目邪？崔氏必以为《汉书》亦后人窜，则又无书不窜之遁辞矣。且进而观其二十九篇之伪证，则又大都文致成辞，证非其证，已各辨于当篇。其所恃者，不过非今文家说与事逾获麟二端。《天官》、《张苍传》、《封禅书》，皆以中有非今文说为证，诸表则以事逾获麟为证。夫如崔氏之所举，百三十篇中有非今文家说，及元狩后事者多矣，何他篇则止以为增窜，而此诸篇则全以为伪邪？"麟止"之说，已辨于上。今文家刘歆窜书之说，亦本不足信。今文家之言刘歆窜书既多且巧，殆过上智之才，而竟不能并改他篇，掩其矛盾，又似下愚之质，吾已有专论言之矣。而崔氏之定伪，又以与史公他篇矛盾为据，此其说何以取信？崔氏于《天官书》则以其言分野与今文家说不合，《封禅书》则以言五色帝矛盾，且直谓《天文志》、《郊祀志》皆本刘歆。夫以己所非之说，谓为古人必无，已非通论。况班书录刘歆书者，止《三统历》、《七略》，皆明著之。崔氏并其不著者，悉以为刘歆，岂考信之道乎？《将相年表》、《历书》、《南越传》皆以有讹字为证，《历书》以与《五帝本纪》矛盾为证，《文纪》以书法不画一为证。不悟讹脱自属传写，不可以责作者。班彪已言《史公书》刊落不尽，多不齐一。观梁氏《志疑》所纠矛盾不一处甚多，岂皆伪邪？至于《河渠书》，则全无可证，而直以八书皆赝概之，此岂考证之法乎？至所谓取《汉书》者，又皆证非其证，无以断为其是《史》袭《汉》，非《汉》袭《史》也。《文纪》、《汲郑传》不以为《汉》移《史》，而以为《史》移《汉》；《平准书》不以为倒，而必以为伪，《酷吏传》则《汉书》离析《史记》，文脉甚明，无以自圆，则更以为《汉书》遭窜，今《史记》反是未窜之《汉书》，其曲如此。既固执"麟止"之说，于《南越》以下四篇及《汲郑传》，悉断为伪，而于《李广》、《卫青》、《公孙弘》传，则又不敢直以为伪。而删去元狩以后事，刖足斧腰，乃更甚于《平准书》。且即使崔氏所指果伪，而必以为录自《汉书》，则亦难立，以诸表归褚先生尤谬。盖续《史公书》者，自冯商以降甚多，皆班氏所承袭。尽以归班，已属武断，且如刘向、歆，扬雄，史岑，冯衍诸人，皆能文者，安见皆不如褚生，又何以知褚生之文独似太史公邪？补续前人之书，自是常事，非同作伪欺人，褚生补《史》，固自明著之，何必其文能似乃可补乎？崔氏于明著褚生诸篇《三代世表》、《梁孝王世家》、《滑稽列传》则以为是褚，《三王世家》、《日者》、《龟策》列传则以为非褚，而于不著何人者，则反以为褚补，不知究何所据？褚生既尝自著其名，何又忽不自著其名，而假名太史公？后人既欲妄托《史记》，何不直假名太史公，而乃假名褚生？崔氏谓尽于孝武，故托褚生，然《三王》、《日者》、《龟策》三篇所书，固不在太初以后，何又托名褚生邪？凡此皆其任意为说，而自不相顾者也。

二、明体例

既别出伪本，然后可读，凡读书必先明其体例，而读《史》尤必先明史法。史法不明，虽工考证，善鉴赏，论必不当。前世学者，眼光囿于后史整齐之法，于此祖书反不明了。至会稽章实斋氏，乃始发明《尚书》、《春秋》、马、班相承之迹。吾引申其说，详论诸体，为《史体论》一篇矣，兹撮章君论史公之语于此。

　　《文史通义·内篇·书教下》① 曰："《尚书》一变而为左氏之《春秋》，《尚书》无成法，《左氏》有定例以经纬也。《左氏》一变而为史迁之纪传。《左氏》依年月，而迁书分类例，以搜逸也。迁书一变而为班氏之断代，迁书通变化，而班氏守绳墨，以示包括也。就形貌而言，迁书远异《左氏》，而班史近同迁书，盖《左氏》直，自为编年

———————————

　　① 《文史通义》：章学诚著。该著建构自己的史学理论体系，提出"经世致用"、"六经皆史"、"做史贵知其意"和"史德"等著名观点。对《史记》予以极高评价，谓其"圆通用神"，有发凡创例之功。又谓"夫史迁绝学，《春秋》之后一人而已"。认为《史记》"范围千古，牢笼百家"，"经纬乎天人之际"。又创立方志学，构建"志属信史"、"三书"、"四体"、"方志辨体"之方志理论体系。

之祖，而马、班曲备，皆为纪传之祖也。推精微而言，则迁书之去《左氏》也近，而班史之去迁书也远。盖迁体圆用神，多得《尚书》之遗；班氏体方用智，多得《官礼》之意也。"

又曰："迁书纪、表、书、传，本《左氏》而略示区分，不甚拘拘于题目也。《伯夷列传》乃七十篇之序例，非专为伯夷传也。《屈贾列传》所以恶绛、灌之谗，其叙屈之文，非为屈氏表忠，乃吊贾之赋也。《仓公》录其医案，《货殖》兼书物产，《龟策》但言卜筮，亦有因事命篇之意，初不沾沾为一人具始末也。《张耳陈馀》，因此可以见彼耳。《孟子荀卿》，总括游士著书耳。名姓标题，往往不拘义例，仅取名篇。譬如《关雎》、《鹿鸣》，所指乃在嘉宾淑女，而或且讥其位置不伦。如孟子与三邹子。或又摘其重复失检。如子贡已在《弟子传》，又见于《货殖》。不知古人著书之旨，而转以后世拘守之成法，反訾古人之变通。亦知迁书体圆用神，犹有《尚书》之遗者乎？"

《和州志列传总论》曰："《六艺》为经，则《论语》、《礼记》之文谓之传，自《左氏春秋》① 依经起义，兼史为裁，而司马迁七十列传略参其例，固以十二本纪窃比《春秋》者矣。夫其人别为篇，类从相次，按诸《左氏》，稍觉方严，而别识心裁，略规诸子。揆其命名之初，诸传之依《春秋》，不过如诸纪之依经礼，因名定体，非有深文。即楚之屈原，将汉之贾谊合传，谈天邹衍，缀大儒孟荀之篇，因人征类，品藻无方，咏叹激昂，抑亦《吕氏》六论② 之遗也。《吕氏》十二纪似本纪所宗，八览似八书所宗，六论似列传所宗。又《和州志艺文书序例》谓：'《太史书》与《七略》同道，亦一大义也。'其略曰：'史家所谓部次条例之法，备于班固，而实仿于司马迁。司马迁未著成法，班固承刘歆之学而未精，则言著录之精微，亦在乎熟究刘氏之业而已矣。究刘氏之业，将由班固之书，人知之；究刘氏之业，当参以司马迁之法，人不知也。夫司马迁所谓序次六家，条辨学术同异，推究利病，本其家学尚已。纪首推本《尚书》，《五帝本纪·赞》。表首本推《春秋》，

---

① 《左氏春秋》："左"原作"在"，已径改。
② 《吕氏》六论：《吕氏春秋》有六论：《开春论》、《慎行论》、《贵直论》、《不苟论》、《似顺论》、《士容论》。其书分为十二纪、八览、六论。十二纪每纪五篇共六十篇，八览每览八篇（《有始览》少一篇）共六十三篇，六论每论六篇共三十六篇，另有《序意》一篇，共一百六十篇。

《三代世表·序》^①。传首推本《诗》、《书》所阙，至于虞、夏之文，《伯夷列传》。皆著录渊源所自启也。其于《六艺》而后，周秦诸子，若《孟荀》、《三邹》、《老庄》、《申韩》、《管晏》、《屈原》、《虞卿》、《吕不韦》诸传，论次著述，约其归趣，详略其辞，颉颃其品，抑扬咏叹，义不拘墟。在人即为列传，在书即为叙录，古人命意标篇，俗学何可绳尺限也。刘氏之业，其部次之法，本乎《官礼》。至若《叙录》之文，则于太史列传，微得其裁。盖条别源流，治百家之纷纷，欲通之于大道，此本旨也。'"

又邵晋涵^②《四库提要稿》论是书语，亦与章君言相发，邵、章本同道也。官本《提要》删去，今并录之如下。

邵氏曰："迁自言继《春秋》，而论次其文，后之学者疑辨相属。以今考之，其叙事多本《左氏春秋》，所谓古文也。秦汉以来故事，次第增序焉。其义则取诸《公羊春秋》，辨文家、质家之同异，论定人物，多寓文与而实不与之意。皆公羊氏之法也。迁尝问《春秋》于董仲舒，仲舒故善《公羊》之学者，迁能伸明其义例，虽未必尽得圣经之传，要可见汉人经学，各有师承矣。其文章体例，则参诸《吕氏春秋》，而稍为通变。《吕氏春秋》为十二纪、八览、六论。此书为十二本纪、十表、八书、三十世家、七十列传，篇帙之离合先后，不必尽同，要其立纲分目，节次相成，首尾通贯，指归则一而已。世尝讥史迁义法背经训，而称其文章为创立独制，岂得为通论哉？"

咸炘按：章君说迁《史》承《尚书》、《左氏》，乃言其体，邵氏说本《春秋》，则言其意。然文质之辨，特止一端，意师《春秋》，不过大意，不必举以实之也。至师承《吕氏春秋》，则章君之旨，本谓大体。盖诸子书多引古事而连类之，惟《吕氏》为然。而迁之撰传，亦连类其事，有诸子遗意，故谓其相承耳。其以纪、书、传分配纪、览、论，亦大概言之。实则八与十二之数，不过偶同，《吕》之纪与览、论，亦不似纪、书、传相为经纬之严整。邵氏不必尽同之言，较章君为尤安稳矣。

① 《三代世表·序》：原作"三代序世表"，已径改。
② 邵晋涵（1743—1796）：清浙江余姚人，字与桐，号二云，又号南江。入四库全书馆任编修，主持《四库全书·史部》的编撰工作，史部之书多由其最后校定，提要亦多出其手。

又《隋书·魏澹传》载澹所作《魏书例》曰："壶遂发问，马迁答之，义已尽矣。后之述者，仍未领悟。董仲舒、司马迁之意，本云《尚书》者，隆平之典；《春秋》者，拨乱之法①……治定则直叙钦明，世乱则辞兼显晦，圣德仍不能尽②。……'余所谓述故事，而君比之《春秋》，谬哉！'然则纪传之体出自《尚书》，不学《春秋》，明矣。而范晔云：'《春秋》文既总略，所以为短，纪传事义周悉，此焉为优。'此言岂直非圣人之无法，又失为迁之意旨。魏收云：'鲁史既修，达者贻则，子长自拘纪传，不存师表，盖泉源所由，地非企及，虽复逊辞畏圣，亦未思纪传所由来。'"

按：澹此论失之混浅。按《自序传》初言绍明世，继《春秋》，壶遂问《春秋》何由作，乃引董生之言以答之，凡数百言，皆明《春秋》之重。壶遂又问："孔子时上无明君，下不得任用，故作《春秋》。今子遇明天子，守职，欲以何明？"乃又答以："伏羲作《易》，《书》载尧舜，《诗》歌汤武，推三代之德，褒周室，非独刺讥而已也。汉兴以来、泽流罔极，余掌其官，废明圣盛德不载，灭功臣、世家、贤大夫之业不述，罪莫大焉。余所谓述旧事，非所谓作也。"前一答直言承《春秋》，后一答则谓《春秋》不专刺讥，而以《易》、《书》为证，皆未言承《尚书》。盖以当时经生皆重《春秋》之刺讥褒贬，今自言承《春秋》，恐人以为多刺讥，故复逊其辞以避谤，文意甚明。若以为实言，则是书乃黄帝以来之通史，岂专为载汉之盛德，与世臣贤士之业乎？澹不识微言，遂为所惑，亦囿矣。且此答问之词，皆论其意，非论其体。即使义果仿《尚书》，亦与体之承《春秋》无关，纪传之体，本《春秋》之经传，固甚明白，何可诬也。蔚宗之言，乃较编年、纪传二体之优劣，本是论体，而非论意。伯起以不仿《春秋》为避圣，则未明承变之故，与澹同失也。

《史》之一篇，首尾浑成，与子之一篇无异，非如后史之排履历、填格式也。后世不知"圆神"之意，刊本妄为提行分段，而大体遂亡。归氏③评《老子韩非传》，谓庄子以下界断提行，必小司马之陋。归罪小司

---

① 拨乱之法：中华书局本《隋书》本传"拨乱之法"后，有"兴衰理异，制作亦殊"八字，下接"治定则直叙钦明"。

② 圣德仍不能尽：中华书局本《隋书》本传无此句。刘咸炘所引，约举其词而已。

③ 归氏：归有光（1507—1571），清苏州府太仓州昆山县（今江苏昆山）人。字熙甫，又字开甫，别号震川，又号项脊生，世称"震川先生"。四部丛刊本《震川先生集》共四十卷。

马，虽为诬加，而已知提行之非，实则全书皆然，不独此篇也。

王拯曰："列传中有连传体，如《老韩》及《孟荀》是也；有合传体，如《廉颇蔺相如》、《张耳陈馀》是也；有附传体，如《虞卿》之于《平原君》是也；有分传体，如《鲁仲连邹阳》是也，当分别观之。唯分传乃各为起止，余体皆不可强为割划。至有标目如《刺客》、《游侠》等，更是一篇文字，无可分断者。"

按：此说似是而犹未究。《史》法圆神，一事为一篇，而名之曰传，初不计其中所载人之多少，亦不分孰主孰宾。传乃纬体之称，非某传乃某人所据，有如墓志、行状也。所谓连、附、合、分，皆后人臆分耳。即末段论话，亦不应提行，安得划《鲁仲连邹阳》为两篇哉？提行以明段落，固是善法，而后世因提行而视为某人传，某为前序，某为后论，则大谬也。叙议相杂，书表同伦，本皆一篇，本无序论之名，强名表首语为序，犹之可也，以表之名本指旁行之文也，泥视后论，则大不可。《史》之"太史公"，本仿《左氏》之"君子曰"，在前、在后、在中，初无定规，与《班书》之"赞"不同。若泥视之，则无怪疑《伯夷传》为序，谓《孟荀传》无后论矣。

三、挈宗旨

既明体例，然后可求其宗旨。古史家皆有宗旨，非徒记事而已。后世读史者罕知求旨，而于是书，则以其多议论之故，尚知求之，然其所论，皆偏①狭不当，非司马之本意，今先辨之。

一遭祸怨愤。通②按全书惟《游侠列传》中略见此意，《伯夷传》末及《货殖传》虽极感慨，皆非为己而言，《自序》明言"论次其文，七年而遭李陵之祸"，则著书之愿在前，绝非为遭祸而作可知。持此说者，乃误认《报任少卿书》。其实《报任书》乃言己既遭刑，不得他有建树，故一意于史，以垂空文，非谓因遭祸乃作史也。持此说者，又误认《报任书》及

---

① 偏：沪本作"褊"。
② 一遭祸怨愤通：此与下文"二曰讥刺武帝"相并次序，因此"一"字下应增一"曰"字读，作"一曰遭祸怨愤。通"。

《自序》所引古人与发愤之语。

今按：《自序》曰："昔西伯拘羑里，演《周易》；孔子厄陈、蔡，作《春秋》；屈原放逐，著《离骚》；左丘明①失明，厥有《国语》；孙子膑脚，而论《兵法》；不韦迁蜀，世传《吕览》；韩非囚秦，《说难》、《孤愤》；《诗》三百篇，大抵圣贤发愤之所为作也。此人皆意有所郁结，不得通其道，故述往事，思来者。"

按：《史通》及梁氏皆谓不韦、韩非非因迁囚始著书，此文为误。吾谓岂特此也，《国语》乃《左传》之别记，必与《左传》同时并撰，未必在失明后。厄陈、蔡，作《春秋》，亦与《儒林传》相矛盾。史公纵不长考证，何至舛误若此？且《吕》、《韩》传明载著书之时，何自叙之而自忘之邪？细察之，乃知后人误读，非《史》本误也。遭祸一事，著书又一事，马迁欲明己虽遭祸，而未尝不可著书，因引古人以自证。谓某某曾遭祸，亦曾著书，非谓诸人皆出遭祸而著书也。后人误认迁为怨愤，遂连读之，谓上句为下句之因耳。马本无此意也。孔子岂因陈、蔡而著《春秋》，左丘岂因失明而著《国语》邪？"发愤"二字更当细解。"愤"如"不愤不启"之"愤"，非怨也。凡从"贲"之字，皆有郁勃欲出之意。此所谓"发愤"，谓吐胸中所欲言，如《孟子》所谓"不得已"，《庄子》所谓"不可已"耳。故下文云"意有郁结，不得通其道"，非如后世所谓磊块不平也。不然，《诗》三百篇，岂皆怨邪？自此文误解，而卑陋狭褊者，争自托马迁矣。

> 曾国藩《读书录》②曰："太史传庄子曰：'大氐率寓言也。'余读《史记》，亦大氐率寓言也。列传首《伯夷》，一以寓天道福善之不足据，一以寓不得依圣人为师。非自著书，将无所托，以垂不朽。次《管晏传》，伤己不得鲍叔者为知己，又不得如晏子者为之荐达。此外如子胥之愤，屈、贾之枉，皆借以自鸣其郁耳，非以此为古来伟人计功簿也。"

---

① 左丘明：沪本作"左丘"，无"明"字。
② 曾国藩《读书录》：曾国藩（1811—1872），清湖南湘乡人。初名子城，字伯涵，号涤生，宗圣曾子七十世孙。著有《治学论道之经》、《持家教子之术》、《冰鉴》、《曾国藩家书》。《读书录》又名《求阙斋读书录》，不分卷，以经、史、子、集分类，为曾国藩读经史子集的读书笔记。该书每条先列原文，其下为札记，或考证，或感言。

按：自昔曲说是书为愤辞者，皆止《游侠》、《货殖》耳。曾氏乃滥及各篇，可谓颠顿矣。其说之非且勿论，七十篇才说数篇耳，余又何说乎？王若虚[1]有言："《史》非一己之书也，岂所以发其私愤者哉？"不知诸曲解者，将何以答之也。

二曰讥刺武帝。自王允以是书为谤书，而后世沿之，说多泛滥，几无一篇非讥刺。不思此乃黄帝至汉武之通史，非专为武帝而作之谏书也。述往思来，非陈古刺今也。是故全书有刺讥之篇，而非篇篇皆刺讥。《平准书》、《匈奴传》以下则诚刺讥也，余则非也，何乃谓《黄帝本纪》、《老子列传》为讥求仙邪？一篇有刺讥之节，而非节节皆刺讥。《封禅书》、《货殖传》中载武帝事者，则诚刺讥也，余则非也，何乃谓述古、封禅、郊祀、灾祥、货殖之事，皆反映武帝邪？故吾谓后之论者，皆未熟记"黄帝以来，迄于麟止"八字耳。以上二说，章实斋《史德篇》曾辨之而未圆足。

如上二说，皆狭陋矣。然则史公之旨何在邪？史公已自详言之，后人轻忽，视为泛语，故少知其意者耳。综而言之，厥有二义。

第一义者，《自序》曰："余所谓述旧事，整齐其世传，非所谓作也。"又曰："拾遗补艺，厥协《六经》异传，整齐百家杂语。"《五帝本纪》曰："百家言多不雅驯。"《孔子世家》曰："天下言《六艺》者，皆折衷于夫子。"《伯夷列传》则曰："载籍极博，考信于《六艺》。"合以上诸言，则曰信《六艺》，表孔子，以正百家而已。盖古史法本阔略，成书又少，传闻固多异辞，而诸子争鸣，称引古人事以自证，如庄周所谓重言、寓言者尤多。昔孟子尝本先后一揆之心，明尚论古人之法，《七篇》之中，历举当时游士之诬伊尹、百里、孔子者而明辨之。史公之意，亦犹孟子，故据《戴记》[2]以纪五帝，而不取百家；据《论语》以传太伯，而疑许由，正轶《诗》。惟惜其识力未足，故别择不尽，尚多冗杂，然其志则已明矣。

第二义者。《报任少卿书》曰："究天人之际，通古今之变。"《自序》曰："原始察终，见盛观衰。"此尤要旨也，而昔人皆不能解。盖史公承其

21

---

① 王若虚（1174—1243）：金代藁城（今属河北）人，字从之，号慵夫，入元自称滹南遗老。著有《滹南遗老集》四十五卷，续一卷，中有《史记辨惑》。此书又名《滹南辨惑》，对旧传或旧说之问题，不随声附和，提出自己的主张和理解。其《史记辨惑》以怀疑精神发现《史记》选材及叙史问题，然往往不能理解司马迁作史意图。《四库总目》谓其"毛举细故，亦失之烦琐"。

② 《戴记》：即《大戴礼记》，亦名《大戴礼》、《大戴记》，戴德所著。戴德字延君，人称大戴，西汉梁国（今河南商丘）人。此书原八十五篇，今仅存三十九篇。其中《五帝德》、《帝系》两篇载上古帝王世系，是司马迁撰述《五帝本纪》的主要文献依据。

太史公书知意一

父学，本于道家。道家之术，以观变知终始为贵。《七略》所谓："道家者流，盖出于史官，历记成败、存亡、祸福、古今之道，然后知秉要执本者也。"古今之变，盖莫大于周、汉之际，《六国表序》挈其大旨。封建改而为郡县，《诸侯王表·序》言之；井田改而为重商，《货殖传》详之。《礼书》、《乐书》慨礼乐之真废，《封禅书》慨郊祀之义亡，《外戚世家》慨婚姻之礼废，《叔孙通传》慨君臣之义失，《儒林传》慨利禄之途兴。凡此皆秦以前与秦以后之变也。至其所谓"天人之际"者，亦非难解。史公虽承教于董子，而所谓"天人"者，实道家之言。盖谓古今之变，有非人力之所能为者，则归之于天。此所谓"天"，非有深意，即孟子所谓"莫之为而为"者耳。故于秦之成，则归之天助；项之兴，则疑为舜裔；后妃之事，则委之于命。此皆谲词，以明古今大变，有不可全以人力解者，势之成也，天人参焉，故曰"际"也。古史官本兼天官，至汉世犹然，古曰："文史星历，近乎卜祝之间。"后世不解此，则谓左氏记灾祥为浮夸矣①。吾有《道家史观说》论此，可参也。

以上所说二义，明白正大，真史家之本务也。太史之书，上续《尚书》、《春秋》，端在于此，正百家而明古今之变，正所以继经也。不然，上攀元圣，夸言"天人"，毋乃妄乎？惜乎前人多不知此，其探求意旨者，又徒琐屑挑剔，不能提挈纲要，故特详论之。若舍此而谓尚别有微旨，则必玄怪不近情理之论，纵使言之成理，末必史公之本意也。

四、较班范

班彪论前史得失曰："迁之所记，从汉元至武以绝，则其功也。至于采经撼传，分散百家之事，甚多疏略，不如其本，务欲以多闻广载为功，论议浅而不笃。其论术学，则崇黄老而薄《五经》；序货殖，则轻仁义而羞贫穷；道游侠，则贱守节而贵俗功。此其大敝伤道，所以遇极刑之咎也。然善述序事理，辩而不华，质而不俚，文质相称，盖良史之才也。诚令迁依《五经》之法，言同圣人之是非，意亦庶几矣。"

又曰："司马迁序帝王，则曰本纪；公侯传国，则曰世家；卿士

---

① 矣：沪本无此字。

特起，则曰列传。又进项羽、陈涉，而黜淮南、衡山，细意委曲，条例不经①。若迁之著作，采获古今，贯穿经传，至广博也。一人之精，文重思烦，故其书刊落不尽，尚有盈辞，多不齐一。若序司马相如，举郡县，著其字；至萧、曹、陈平之属，及董仲舒，并时之人，不记其字。或县而不郡，盖不暇也。”

《汉书·司马迁传·赞》曰：“其言秦汉详矣，至于采经撷传，分散数家之事，甚多疏略，或有牴牾。亦其涉猎者广博，贯穿经传，驰骋古今上下数千载间，斯已勤矣。又其是非颇缪于圣人，论大道则先黄老而后《六经》，序游侠则退处士而进奸雄，述货殖则崇势利而羞贱贫，此其所蔽也。然自刘向、扬雄博极群书，皆称迁有良史之材，服其善序事理，辩而不华，质而不俚。其文直，其事核，不虚美，不隐恶，故谓之实录。”

按：二班之言，自是平允。采撷多疏，刊落不尽，王若虚、梁玉绳纠之多矣。其可贵者，大略之明也。彪所谓“细意委曲，条例不经”，本非诋辞。“不经”者，不常也。言迁虽定本纪、世家、列传之等，而特以陈、项为世家、本纪，降淮南、衡山于列传，曲致其意，条例亦非固定耳。后人多误认为诋词。班书不列世家，自是时势异于迁耳，岂正其非哉！又“议论浅而不笃”，亦是实言。史公论议，宽而不严，于是非过不及之辨，不甚致意，不似班书，必折之于中正。然婉慎之度，固史家所应具也。至彪、固所举旨意之四失②，则后人尝辨之。

晁公武《读书志》③曰：“后世爱迁者，多以此论为不然，谓迁特感当世之所失，愤其身之所遭，寓之于书，有所激而为此言耳，非其心所谓诚然也。武帝表章儒术，宜乎大治，而穷奢极侈，海内凋弊，

---

① 经：常也，此指固定格式。

② 四失：班氏父子论《史记》：“论大道则先黄老而后六经，序游侠则退处士而进奸雄，述货殖则崇势利而羞贫贱，此其蔽也。”是所谓史公三失。加上“至于采经撷传，分散数家之事，甚多疏略，或有抵牾”，是谓四失。此引班氏言见《汉书·司马迁传·赞》。

③ 晁公武《读书志》：即晁公武《郡斋读书志》，二十卷。晁公武，南宋巨野（今山东巨野）人。字子止，人称“昭德先生”。此书收书达1492部，基本囊括宋代以前典籍，尤以搜罗唐代和北宋时期的典籍最为完备。这些典籍不少已亡佚、残缺，后世可据书目提要而窥大略。全书分经、史、子、集四部，部又分45小类，书有总序，部有大序，多数小类前有小序，每书有解题，有一严谨完备的体系。其提要翔实有据，注重考订，介绍作者生平、成书原委、学术渊源以及有关典章制度、逸闻掌故，皆能引用唐宋实录、宋朝国史、登科记以及有关史传目录，并详加考证。

反不若文、景尚黄老时，此其所以'先黄老而后《六经》'也。武帝用法刻深，而当刑者得以货免。迁遭李陵之祸，家贫无财赂自赎，交游莫救。其'进奸雄'者，盖叹时无朱家之伦，故曰'士穷窘得委命，非所谓贤豪'。其'羞贫贱'者，盖自伤以贫，故不能自免于刑戮，故曰'千金之子，不死于市'非空言也。固不察其心，而骤讥之，过矣。"

冯班《钝吟杂录》[①]曰："《游侠》、《货殖》传，词旨抑扬，有为言之。孟坚之言，固为正论，然亦未免深文。至于'先黄老后《六经》'，自是史谈所论。谈当文、景之后，尚黄老者，随时也。至迁则不然矣。老子与韩非同传，仲尼为世家。《自序》言'礼以节人'云云，上言《六经》，不言黄老，父子自不同。"

梁氏曰："《补笔谈》[②]亦云班固所讥甚不慊[③]，太史公考信必于《六艺》，造次必衷仲尼，是以孔子侪之世家，老子置之列传，尊孔子曰'至圣'，评老子曰'隐君子'。六家要旨之论，归重黄老，乃司马谈所作，非子长之言。不然，次李耳在管、晏之下，而穷其弊于申、韩，固非'先黄老而后《六经》'矣。《游侠传》首云'以武犯禁'，又云'行不轨于正义'，而称季次、原宪为'独行君子'。盖见汉初公卿以武力致贵，儒术未重，举世任侠干禁，叹时政之缺失，使若辈无所取材也，岂'退处士而进奸雄'者哉！《货殖》与《平准》相表里，

① 冯班《钝吟杂录》：冯班（1602—1671），明末清初江苏常熟人。字定远，晚号钝吟老人。著有《钝吟集》、《钝吟杂录》、《钝吟书要》和《钝吟诗文稿》等。《钝吟杂录》十卷，分《家戒》、《正俗》、《读古浅说》、《严氏纠谬》、《日记》、《诫子帖》、《遗言》、《通鉴纲目纠缪》、《将死之鸣》。涉及经学、小学、诗法文论、字学笔法、读书法等。卷八论及《史记》取材一本于《六艺》："太史公识见极高，从百世之后论百世以前之事，而曰某事可信，某事不可信，非愚则诬矣，一本于《六艺》则无失。遂有疏略，亦史阙之义也。"又指出其"疑以传疑"之取材："太史公叙事，事有抵牾者，皆两存。如《周本纪》依《古文尚书》，《齐太公世家》又载今文《泰誓》，所谓疑以传疑也。有大事，而记载不详难叙者，缺之，史阙文也。"

② 《补笔谈》：北宋沈括（1031—1095）撰。《梦溪笔谈》三十卷，其中《笔谈》二十六卷、《补笔谈》三卷、《续笔谈》一卷。《续笔谈》卷一："班固论司马迁为《史记》，'是非颇谬于圣人，论大道则先黄老而后六经，序游侠则退处士而进奸雄，述货殖则崇势利而羞贫贱，此其蔽也'。予按《后汉》王允曰：'武帝不杀司马迁，使作谤书，流于后世。'班固所论，乃所谓'谤'也。此正是迁之微意。凡《史记》次序说论，皆有所指，不徒为之。班固乃讥迁是非颇谬于圣贤，论甚不慊。"

③ 班固所讥甚不慊：慊（qiè），通"惬"，恰当，引申为满足、满意。不慊，不足、不善。此指班氏所论史公三失不善、不当。今人史识，所谓史公三失，即前文所说的四失中之三失，恰是史公三长，闪烁着司马迁进步思想的光芒。

叙海内地产，孟坚《地理》所本。且掘冢、博戏、卖浆、胃脯，并列其中，鄙薄之甚。三代贫富，不甚相远，自井田废而稼穑荒，贫富悬绝，汉不能挽移，故以讽焉。其感慨处，乃有激言之。识者读其书，因悲其遇，安得斥为'崇势利而羞贫贱'邪？况孟坚于史公旧文，未尝有所增易，不退处士，不羞贫贱，何以不立《逸民传》，又何以仍传《游侠》、《货殖》？此文人之习气，各自弹射，递相疮痏，蹈袭牴牾，目睫不见，所谓笑他人之未工，忘己事之己拙。"

咸炘按：诸家为马辨，意非不善，然竟以班为诬，则非也。迁载其父之论，正以明其家学，全书议论，多本道家，称引老子，不啻若自其口出，《酷吏》、《货殖》诸篇，其显者也。古者儒、道二家，敌仇不甚，宗黄老者，固不妨尊孔子，信《六艺》。后《六经》，非斥《六经》也，安得谓迁尊孔信经，遂不从其家学乎？《游侠传》言："使乡曲之侠，与季次、原宪比权量力，效功于当世，不同日而论矣。"《货殖传》言："无岩穴奇士之行，而长贫贱，好语仁义，亦足羞也。"此二段词气抑扬甚明，班氏之讥，即专指此。梁氏乃概论全篇宗旨，殊不当对。《游侠传》自有感慨，已非激诡之说，《货殖传》更非以抒己愤，"无财自赎"与"矫语仁义"，何干涉乎？史公原语，固有分寸，然循此而言，自不免于伤道，亦岂为深文邪？故谓班氏为稍过则可，若竟谓诬加不实，则非惟苛于班，亦昧于马矣。且更有当知者，古之良史，罔不相承，亦罔不相诋。叔皮诋子长，蔚宗又诋孟坚，非喜谤前人也，正以明其相矫之意也。事变之自然，如衡之左右，倚相矫者，所以救偏弊也。故被诋者固不受诋，而施诋者亦不为诬。史家之相续，与子家之并立不同。此义昔人罕知，闻吾言者，或将以为模棱媚古，今详论之。

凡作史之人，必有本学之宗旨，故知言必先知其人；凡作史之旨，必因其时之趋势，故知人必先论其世。宗旨者，儒、道、名、法之类是也；趋势者，张、弛、动、静之类是也。儒流为乡原，道可容狂狷。狂狷刚而乡原柔，政张则人柔，政弛则人刚。柔则静，刚则动，此其大较也。战国、汉初人刚，及景帝用刑名，武帝崇伪儒，乡原进而狂狷遂衰，故司马迁赞汲黯而斥公孙弘，列卫、霍于《佞幸》，而乐道季、栾、田、郑诸人。因恶俗儒，遂取《游侠》刺讥拘谨，颇崇奇激。迁之学本道家，故多引老子以立论。"崇黄老而薄《六经》，退处士而进奸雄"之讥，即由此微倚而生。其后，西汉竟亡于柔谨之俗，迁若见之矣。光武中兴，矫莽阳儒阴法，而用黄老，士俗亦耻西汉儒者之原媚，而尚节概。明、章之世，奇行渐兴，故班固过杨王孙、胡建诸人之奇行，而明狂狷之失；辨王、贡诸人之清名，而折出处之中；惜龚、鲍之取祸，改《游侠》之旧论。固之学本儒家，赞多引《论语》为断。傅玄[①]所谓"饰主阙而折忠臣，贵取容而贱直节"，华峤[②]所谓"排死节而否正直"，又因此而生者也。其后，东汉竟亡于刚激之俗，固若见之矣。曹氏复尚刑名，沿至六代，士习柔媚，与东汉末适相反。矫激之行，又为对症之药，故范蔚宗特著《独行》、《逸民》诸传，以救时弊。学者能取诸传一贯而读之，则于古今之变，得其要矣。独陈承祚[③]局促[④]无远识，止得修饰字句，故于魏、晋之间，无所发明耳。然史公虽崇振奇，而所恶者乃俗儒，非真儒，于诸侠士亦未过褒。班氏虽崇中庸，而于匡、张、孔、马亦深致讥贬。范虽尚节概，而于《党锢传》亦深慨矫行之致乱，矫枉而不过正，斯其为亚经之良史也。学者亦宜知之。

26

---

① 傅玄（217—278）：西晋北地郡泥阳县（今陕西铜川耀州区东南）人，字休奕。撰述《傅子》，评论治国的三教九流以及三史旧事，评断得失，各为条例。分为内、外、中三篇，共有四部、六录，合共一百四十首，连同文集一百余卷。外篇有对《史记》评说。其作明代张溥辑《傅鹑觚集》。

② 华峤（？—293）：西晋平原高唐（今山东高唐县）人，字叔骏，改作记载东汉的史书《东观汉记》为《汉后书》，时称"有迁固之规，实录之风"。

③ 陈承祚：即陈寿（233—297），字承祚，西晋巴西安汉（今四川南充北）人。撰纪传体国别史《三国志》，记载魏、蜀、吴三国鼎立时事。其中《魏书》三十卷，《蜀书》十五卷，《吴书》二十卷，共六十五卷。记事从魏文帝黄初元年（220）到晋武帝太康元年（280）六十年的历史。全书只有纪和传，而无志和表。

④ 局促：狭窄，不宽敞。即下文所说"无远识，止得修饰字句"，"无所发明"。

太史公书知意二

太史公书

梁氏曰[1]："《自序》言为《太史公书》,《汉·艺文志》亦云《太史公》百三十篇,又云冯商所续《太史公》七篇。盖史公作书,不名《史记》,《史记》之名,当起叔皮父子。观《汉书·五行志》及《后书·班彪传》可见。盖取古史记之名,以名迁之书,尊之也。"

按:梁说本名是也,而谓始班氏尊之则非。《汉书·东平王宇传》、《后汉书·范升传》、《杨终传》亦皆云《太史公》,不云《史记》。《史记》者,古史策之通名。汉以后,人称《太史公书》为《史记》者,乃省略之言,犹引《六艺》而浑云经,引诸阴阳家书而浑云阴阳书。以当时史策止有司马氏之书,故加之以通号而无嫌耳。自后相沿,通号乃反成专名矣。

《史通·六家篇》谓迁作百三十篇,因鲁史旧名,目之曰《史记》,自是汉世史官所续,皆以《史记》为名。迄乎东京著书,犹称《汉记》。

按:此则本名之义,知幾已不知。其谓迁自目《史记》,固非事实,续者之名《史记》,盖以己非太史公,故不袭其号,而用通名,是亦理之所有。然冯商亦止称《续太史公》,且续者,固皆未尝勒成一书,非有定名。《汉记》自沿著记之称,著记亦见《艺文志》。亦非沿迁书也。"太史公"之为官名,而非尊父之称,及东方朔、杨恽之题,梁氏已辨定。俞正燮《癸巳类稿》[2]有《太史公释义》一篇,尤详密。但梁氏未辨名书之义耳。原其以是为名者,非独以人名书,近类子家,且以官名书,远同《官礼》。《周南》执手,虽是私传,金匮紬藏,自为本职。举官名而父子之世业见,

---

① 梁氏曰:本书行文内称引"梁氏曰"、"梁曰",皆指梁玉绳《史记志疑》,以下不再注。
② 俞正燮《癸巳类稿》:俞正燮(1775—1840),清徽州黟县(今安徽黄山黟县)人,字理初,著作有《癸巳类稿》、《癸巳存稿》、《说文部纬校补》等。其《史记》研究之作有:《史记用盖天谕》、《史记李延年传书后》、《太史公释名》等。《癸巳类稿》,刻印于道光十三年(1833),此年乃癸巳年,因有此书名。系作者考订经史、诸子、医理、舆地、道梵、方言等各方面之成果汇编。

纷辨其为谈为迁者，皆泥论也。自《史记》之名行，而此意始晦，惟钱大昕①知是以官名书耳。

本 纪

五帝本纪

崔适曰："按《自序》曰：'述陶唐以来，至于麟止。'然则此纪之录，本当为《陶唐本纪》，与《夏》、《殷》、《周》、《秦》本纪一例。而上系黄帝，下兼虞舜，犹《周本纪》上系后稷，下统武王之比。且世家始泰伯，列传始伯夷，表让德也。是则本纪始陶唐，又可比例而得者。后人改为《五帝纪》，遂增《自序》篇末云'述历黄帝以来。'"

按："麟止"之说，已详《序论》。崔氏敢删获麟以后之事，而不敢删陶唐以前，于是别为曲说，其不可通甚明。黄帝、颛、喾及虞舜，何可与后稷、武王同例。如其言，则《夏》、《殷》亦可并为一纪矣。始曰五帝同祖，故似后稷，则依史公所书，夏、殷、周又何尝不同祖邪？"表让"本前人之谬说，岂可引为证乎？史公论语，屡言五帝，无以陶唐为主之意。

梁玉绳曰："孔子删书，肇于唐虞，系《易》起包炎。史公作《史》，祖述仲尼，则本纪称首，不从《尚书》之昉二帝，即从《易》辞之叙五帝，庶为允当，而乃以黄帝、颛、喾、尧、舜为五何邪？三皇之说，半归诬诞，年代悠遐，莫由详定，略之可也。《系辞》之言，不及少昊，略之可也。若羲、农实与黄帝、尧、舜为五帝，安得遗之？《后汉书·张衡传》，衡表奏司马迁所叙不合事，请专据《系词》，诚卓识也。问《史》据《大戴礼》、《孔子家语》、《五帝德篇》，是亦从孔氏之言，岂俱谬欤？曰《家语》乃王肃伪造，《大戴礼》是汉儒

---

① 钱大昕（1728—1804）：清江苏嘉定人（今属上海），字晓微，号辛楣，又号竹汀，以治经方法治史。自《史记》、《汉书》，迄《金史》、《元史》，一一校勘，详为考证，成《廿二史考异》。其他著作《十驾斋养新录》、《宋辽金元四史朔闰考》、《宋学士年表》、《元史氏族表》、《元史艺文志》、《元诗记事》、《三史拾遗》、《诸史拾遗》及《潜研堂金石文跋尾》等。钱大昕系乾嘉学派代表人物之一。

采集，非出孔氏，乌足尽凭？问后代氏姓，无不出黄帝，是以首宗之。明柯维骐《史记考要》①谓黄帝鼎成升天，本方士说。太史公纪之《封禅书》，见武帝之惑，此云'崩且葬'，所以祛后世之疑，因知《黄帝》一纪，专为汉武好神仙写照，岂亦非欤？曰：否。帝王之上世，不能悉详，断以姓氏尽出黄帝，未敢为信。至若《史》之首黄帝，不过误仍《大戴礼》，将谓《大戴礼》为汉武写照邪？书黄帝葬桥山，而不书颛、喾葬顿丘，尧葬成阳，《史》偶不书，非关意义。使以书葬桥山为唤醒求仙之惑，则《舜纪》书葬零陵，当作何解？"

按：殿本张照《考证》即窃柯氏之说，梁氏所辨明矣，然怪史公不从《尚书》、《易系》则非也。史公网罗放矢，自当上溯以补经，不能仍断自唐、虞。然上溯则百家之言驳异难信，考信《六艺》，又无记述，折中孔子，不得不降取传记，传记所述，则《易传》述包炎，《礼记》述五帝。《易传》寥寥数语，不若《礼记》之详，故舍彼取此，此即《自序》所谓"正《易传》"也。《易传》、《戴礼》皆出圣门，其可信正相等耳。梁氏谓《戴记》汉儒所辑，不足信，乃不明传记体裁之言。如梁氏言，则周、秦、汉人所传孔子语，皆无一真邪？五帝之名，古说不定，五数亦非确目，必谓羲、农定当在内，亦梁氏之说而已。《易系》固未明定某某为五帝也。惟是《五帝德》、《帝系》二篇，虽相次列《大戴记》中，而一可信一不可信。《五帝德》乃孔子语，《帝系》则非；《五帝德》不言五帝同祖，《帝系》乃言之。史公信《五帝德》，而并信《帝系》则误，吾有《帝系辨》详之。梁氏知五帝同祖之非，而以归罪于《戴记》，亦误也。吴汝纶《评》②谓史公谓其传自孔氏古文近是，亦不谓无疑，此说亦是。

史公于尧舜事皆本《尚书》、《孟子》，而加以训诂，注家乃多引纬书杂说，失史公意矣。

---

① 柯维骐《史记考要》：柯维骐（1497—1574），明莆田（今属福建）人。《史记考要》十卷。又作《左铭》、《右铭》二铭、《讲义》二卷，合宋、辽、金三史为《宋史新编》，又著有《莆阳文献志》。

② 吴汝纶《评》：指吴汝纶《史记评点》一百三十卷。以下本书行文引吴评省称"吴曰"或"吴氏曰"。吴汝纶（1840—1903），清桐城人，字挚甫，桐城派后期重要作家之一。他著有《东游丛录》、《易说》、《写定尚书》、《尚书故》、《夏小正私笺》、《文集》、《诗集》、《深州风土记》等。吴汝纶治《尚书》主张义理、文章、训诂并重，其训诂，以《史记》为主，兼及其他。《点勘史记》谓秦代史事："语虽论秦，实乃指汉。"谓："以秦事讽汉，《平准书·赞》最鲜明。""明斥始皇，暗喻武帝。"

尧崩，三年之丧毕云云

冯班曰："直括《孟子》，则诸家异说自废。"

舜之践帝位至**如子道**

凌稚隆《评林》[①] 引凌约言[②]曰："复以践位提起，举朝父、封弟、荐禹终焉，以三事所关甚大，特揭于后，不嫌于缀。"按：此本皆前文所未有，非复提也。

《史通·叙事篇》谓《史》、《汉》之文当《尚书》、《春秋》之世，则其言浅俗，垂翅不举。此论后世皆沿之，文家尤甚。如归有光《评》[③] 谓史公究是秦、汉时人，《五帝本纪》便时见其陋。凌稚隆谓《三王纪》为《尚书》所拘，王拯《评》谓《夏本纪》载《禹贡》，气不足以举之。此皆幻妄之说，不知诸公欲如何而后为举也？此类甚多，今不具驳。

吴汝纶《评》曰："此篇以择言尤雅为主。"

按：吴氏评本，每篇必有如是一语，亦似是而非。谓义之主耶，则《史》本叙事，其必有此篇者，以必书此事，岂因明此一义而始作邪？谓文之主邪，则宾主开合，时文之法，安可以之论《史》？故其所举，或偏举一节，或强立一义，妄分客主，多成迂凿，今悉不录。

夏本纪

殿本《考证》德龄曰："禹功具于《禹贡》，故全载《禹贡》。凡《史

---

① 凌稚隆《评林》：指凌稚隆《史记评林》一百三十卷。凌稚隆，明浙江乌程（今浙江湖州）人，字以栋，号磊泉。明万历时贡生。汇集明万历四年以前《史记》研究成果，汇集众说，间加己评，撰成《史记评林》。此书为后世研究《史记》在内容、体例与版本方面提供有益借鉴。又收集一百七十四家评《汉书》言论，编成《汉书评林》一百卷。还著有《春秋评注测义》、《史记纂》、《五车韵瑞》等。

② 凌约言：凌稚隆之父，嘉靖十九年（1540）进士，官至大名府通判。凌约言说："子长之文豪如老将，用兵纵骋不可羁。"

③ 归有光《评》：指《归评史记》，亦称《归震川评点本史记》，是明代归有光阅读《史记》并加以评点之作。归谓："余少好司马子长书，见其感慨激烈、愤郁不平之气，勃勃不能自抑。""子长更数千年，无人可及，亦无人能知之。仆少好其书，以为独有所悟。"注重考辨《史记》源流，论证司马迁优于班固。其评点，书前先有"例意"，各篇前或有总评，用眉批、旁批或夹批的形式进行议论或评论。点评时，常以几种颜色在精彩的句子旁加上圈点以便引起注意。本书行文中多引用归评，省称"归曰"、"归氏曰"。

记》引用经传全文，皆有意义，或谓其未及删裁者非。"按：此说是也。《史通》首讥班书录《禹贡》，而以史公《五帝本纪》为不足取。王若虚竟谓史之录《尚书》皆无谓，非也。已详《史通驳议》。苏洵[1]讥迁割裂二典，尚镕《史记辨证》[2]谓其徒以文论史，是也。

相崩，少康立

此不书羿、浞事，而见于《吴世家》，《索隐》以为"疏略之甚"；冯班谓是纪载不详，难叙，故阙之；尚镕谓是史家回护之法，本《春秋》之书鲁隐薨。按：《史公书》不同《春秋》，此自疏耳，不必凿说。崔适更以为本寓言，非实事，故弃之，不知何据也。

天降龙至惧而迁去

方苞《评》以为无关体要，不宜人；殿本《考证》德龄按谓载豢龙事，所以明孔甲之荒淫，举其极以概其余。吴汝纶谓古事传者少，史公好奇，故载之，且以见孔甲之先政，是也。

赞

特提《小正》，明夏时为禹最著之制。或言以下存异同。

殷本纪

梁曰："契封于商，而汤亦以商为代号。其称'殷'者，子孙所改，当书曰《商本纪》。"按：此苛责也。"宅殷土芒芒"，契始即居殷，《诗》亦称殷商。是殷在前，何不信《诗》而信《竹书》邪？即从其后号而书之，亦何不可？

---

① 苏洵（1009—1066）：北宋眉州眉山（今四川眉山）人，字明允，自号老泉。著有《权书》、《衡论》、《嘉祐集》。其《史论》盛赞司马迁史才："噫！（班）固讥迁失，而固亦未为得。（范）晔讥固失，而晔益甚，至（陈）寿复尔。史之才诚难矣！后之史宜以是为鉴，无徒讥之也。"

② 尚镕《史记辨证》：尚镕（1785—1835），清江西南昌府南昌县人，字乔客、宛甫。著《史记辨证》十卷，卷四、卷六有对《史记》编撰体例之研究，谓《史记》采取古书之义而创造专述人物之编撰体例。另著有《持雅堂诗文集》、《三国志辨微》。

西伯既卒

《史通·因习篇》曰："春秋诸国皆卒，而鲁独称'薨'者，略外别内之旨。"《史记》西伯已下，与诸列国王侯，凡有薨者，同加"卒"称，此岂略外别内邪？

吴汝纶谓此篇以《书》名为章法。按：殷事不详，而《商书》较《虞》、《夏》为多，此适然耳，岂作者故为之法乎？文家拈章法多此类，今悉不取。

太史公曰

著殷辂，与《夏本纪》著《小正》同意。

周本纪

《史通·本纪篇》谓"西伯以上当为世家"；王拯曰："是过论也，溯自先公，《史》例至当。"按：此语不足以破知幾，特三代纪述先世缘起，事文简略，寄在篇首，尚无害耳。

是为公季

从其本爵，史家通例也。《汉书·高纪》初称沛公，继称汉王，后乃称帝、称上，即此例。

录祭公谏语，以其陈周德也。

录《吕刑》独详罚数者，以此法始于穆王，传至后世不改也。

诗人作刺

著变风之始，盖以《诗》纬其中。

王拯《归方评点史记合笔》按语谓，《国语》芮良夫与召公语虽佳文，于本纪不甚关要，是也。周史缺略，史公只据《尚书》、《国语》、《国策》，故未能割爱而溢载之，载《国策》语尤滥。方氏谓当略举事实，芟其蔓词，是也。至王谓伯阳甫"夫天地之气"数语，亦不关要，则太苛，古人原不徒删语句以为简也。

石父为人佞巧，善谀好利，王用之，又废申后，去太子也

王拯谓重笔复述，史公极用意处。然王念孙《读书杂志》①校删"用"、"又"二字，作起下语势。张文虎《札记》②谓"王"上依《册府元龟》引加"而"字，据皇甫谧言虢石父与褒姒比，而谮申后、太子，则"王用之"三字专指此一事。"又"字衍。其说尤当，拯说姑为之词耳。

书鲁隐即位，纬以《春秋》也。

纪、世家中书孔子生卒，钱大昕《廿二史考异》③辨其偏阙甚详。张之象④、邵懿辰⑤谓是史公用意处，然无以解钱之惑也。

秦本纪

黄淳耀《史记论略》⑥曰："子长为《秦》及《始皇》、《项籍》三本纪，以继五帝三王之后，此即正统之说也。欧阳子有言：'居天下之正，合天下于一，斯正统矣。'子长岂不知秦、项为天下之

① 王念孙《读书杂志》：王念孙（1744—1832），清江苏高邮人。字怀祖，生而清羸，故自号石臞。《读书杂志》八十二卷，校勘《逸周书》、《战国策》、《史记》、《管子》、《晏子春秋》、《墨子》、《荀子》、《淮南内篇》，所校勘文字，经出土文献验证，多有可征之处。《史记杂志》四百六十五条，以读书札记的形式对《史记》文本、三家注从训诂学角度予以考释，辨明字词含义。对疑难，往往采取理校方法。又有对《史记》版本之研究。又著有《广雅疏证》、《河源纪略》、《释大》、《王石臞先生遗文》等。

② 张文虎《札记》：即张文虎《史记札记》（《校刊史记集解索隐正义札记》），是作者于金陵书局参加校勘《史记》时写的札记，按本纪、表、书、世家、列传分类，一共五卷。校勘时使用了自宋至清十七种版本，并吸取了梁玉绳《史记志疑》、王念孙《读书杂志》等前人校订成果。张文虎（1808—1885），清南汇周浦（今上海浦东）人，字孟彪，一字啸山，号天目山樵。其他著作有《古今乐律考》、《舒艺室随笔》、《舒艺室诗存》、《舒艺室全集》、《索笑词》、《周初朔望考》等，与安徽黄富民合著《儒林外史评》。

③ 钱大昕《廿二史考异》：钱氏《考异》一百卷，附《三史拾遗》五卷、《诸史拾遗》五卷。所考"廿二史"，即从"二十四史"中除去《旧五代史》和《明史》。卷一至卷五为《史记》考订。谓："（褚）少孙补《史》皆取史公所缺，意虽浅近，词无雷同，未有移甲以当乙者也。或晋以后少孙补篇亦亡，乡里妄人取此以足其数耳。"其考史，主张实事求是，强调史家记人、记时、记地的真实性、可靠性。

④ 张之象（1496—1577）：明上海县人，字月麓，又字玄超，别号碧山外史，晚年号王屋山人，著《太史史例》一百卷。他作有《楚骚绮语》、《彤管新编》、《剪绡集》、《四声韵补》等。

⑤ 邵懿辰（1810—1861）：清仁和（今浙江杭州）人，字位西。著有《礼经通论》、《尚书传授同异考》、《杭谚诗》、《孝经通论》等。编《四库简明目录标注》二十卷。

⑥ 黄淳耀《史记论略》：黄淳耀（1605—1645），明末南直隶苏州府嘉定（今属上海）人。初名金耀，字蕴生，一字松厓，号陶庵，又号水镜居士。有《陶庵集》十五卷，卷七为《史记论略》，谓："世多谓太史公序《六家要旨》，进道德而绌儒术。余按此非迁意，乃述其父谈之言也。"

公恶也哉？以为政固尝继周而有天下矣，籍固尝专天下之约矣。吾从其继周而有天下，与夫专天下之约者，而为之本纪，非进秦、项于三代也。虽然，秦自始皇以前，固西戎之国耳。籍虽专天下之约，未尝一天下而称帝也。为有天下之始皇立纪则可，为西戎之国与未一天下之项籍立纪则不可。故秦与始皇宜合而为一，籍宜降而为传。"

按：黄氏谓从其有天下与专天下之约是也，谓即正统之说则非。古史之纪，仅取事势所归，以为一时之纲领，初无正统之辨。后世举"正统"二字，则于事势之外，加一义理评衡，而又须兼顾事势，遂使中多矛盾纠纷。黄氏徒知从其专天下之约，而不知羽称伯王，伯固亦可立纪，说详后。《秦纪》诚有未安，但非黄氏西戎之谓，详下。

《索隐》及《史通·本纪篇》谓庄襄已上当为世家。

梁氏曰："三王事简，不别其代，秦则分列三纪，与三王殊例，当并《始皇》作一篇。倘因事繁，则当依《索隐》、《史通》之说，拔始皇以承周赧。《水经注》① 引薛瓒称为《秦世家》，《史通》之所本矣。"

此说是也。归有光谓本如《周纪》，以简帙多，始皇自为纪，说似是而非。苟止为简帙多，则分上下可也，不宜别立。王拯又非归说，谓史公纪秦、汉间事，非专为汉纪，此说尤谬。盖谓秦亦当详，而不知非王伯，不得为纪也。

---

① 《水经注》：四十卷，北魏晚期的郦道元所著。郦道元（？—527），字善长，范阳涿州（今属河北）人。《水经注》因注《水经》而得名。《水经》一书约一万余字，记水道一百三十七条。郦道元引书多达四百三十七种，辑录汉魏金石碑刻多达三百五十种左右，又采录民间歌谣、谚语方言、传说等，并对所得各种资料分析研究，实地考察。对水道流域所涉《史记》事迹多有考察，如"泗水"："《史记》、《冢记》、王隐《地道记》咸言，葬孔子于鲁城北泗水上。"又如对《史记》所记"营丘"的考察："《史记》周成王封师尚父于营丘，东就国，道宿，行迟，莱侯与之争营丘。逆旅之人曰：吾闻时难得而易失，客寝安，殆非就封者也。太公闻之，夜衣而行至营丘。陵亦丘也。献公自营丘徙临淄。余按营陵城南无水，惟城北有一水，世谓之白狼水，西出丹山，俗谓凡山也，东北流，由《尔雅》出前左之文，不得以为营丘矣。营丘者，山名也。《诗》所谓'子之营兮，遭我乎猫之间兮'。作者多以丘陵号同，缘陵又去莱差近，咸言太公所封。"又对《史记》三家注的内容亦有涉及，如："瑕丘：徐广《史记音义》曰：楚元王子郢客，以吕后二年，封上邳侯也。有下故此为上矣。"

何焯《读书记》①曰："在襄之世，秦已尽取周地，固继周而王矣。然六国未亡，犹存封建之制，至始皇并吞而尽有之，三代规模一变，此《秦本纪》所以离为二。"

此说亦曲。秦未并六国，则伯亦未成，何云继王乎？然此说实有见。庄襄虽未统一，而周固已灭，始皇统一又在后，编年不可有空。若如刘、梁之说，则周灭以后，始皇并六国以前，将何所寄？如刘、梁说，将截自庄襄之灭周为始邪？将截至始皇之灭齐为始邪？无论何从，皆无首，不便叙事。史公殆亦因此难，不得已而并庄襄以前通叙之耳。

章实斋《匡谬篇》谓："十二本纪隐法《春秋》十二公，故《秦纪》分割庄襄以前，别为一卷，而未终汉武之世，为作《今上本纪》，明欲分占篇幅，欲副十二之数，乃拘迹之谬。"此说亦凿，非史公本意。

冯班曰："近秦而与秦为难者，无如晋，与秦同大而足以难秦者，莫如楚，故插叙晋、楚事为多。"

按：此《纪》兼叙霸者大略，故出齐桓之立及晋文、楚庄、楚灵、晋悼之霸，并管仲、隰朋之死亦书之。书鲁翚弑隐公，盖亦以《春秋》纬之。尚镕谓伤鲁不能讨贼，不如秦武公，凿矣。

归曰："《秦本纪》方成一篇文字，当时有所本也。"
方曰："《秦纪》多夸语，其世系事迹独详于列国，盖秦史之旧。"
又曰："不载《国策》一语，遂觉峻洁，由国史具存也。"
吴曰："篇中叙春秋战国事，多与他篇相出入，皆史公所自为，决非《秦史》之语。惟篇首不见他书，史公所采者博，不得谓全本史文也。"

按：《秦记》具存，见《六国表》与他篇出入，正是本《秦史》之证，

---

① 何焯《读书记》：又称《义门读书记》，五十八卷。其中专立《史记》一节，如云："至于'先黄老而后六经'，自是史谈所论，谈当文景之后，当黄老者，随时也。至迁则不然矣。老子与韩非同传，仲尼为世家，《自序》言'礼以节人'云云，止言六经，不及黄老，父子自不同。"何焯（1660—1722），清江苏长洲（今属苏州）人，初字润千，后字屺瞻，晚号茶仙。先世曾以"义门"旌表，学者因称义门先生。《义门读书记》为其代表作，体现其注释学、校勘学和考证学之思想。运用校注的形式，将错误订正再行注释，所注包括字音词义、篇章结构、时间地点、人物事迹、事物名称、典故、引文出处。

但固非全本耳。中间字句颇冗散，且事宜直叙者，偏多迂回斡补，盖《秦史》本编年，史公联之，有未及改窜者也。

《评林》引余有丁[1]曰："太史公采传多略节，至若传所无，杂见他书，及旧所得闻者独详之，以传自成书也。"

秦灭梁、芮

凌稚隆曰："上两书梁伯、芮伯来朝，此书灭梁、芮，不特文字叫应，有深意在。"按：此乃事之本然，文之当然，即非史公，亦必如是书者也，以为特笔则赘。明人所拈书法多类此，今悉不取。

武王死

梁曰："变'卒'称'死'，岂以绝脤故与！"又曰："《始皇本纪》庄襄王死，变言'死'，何以贬也？当书曰'卒'。"按：史公此书不似《春秋》，名称参差甚多，固由未及修整，亦本不以此为褒贬。故《周纪》诸王书"崩"，康王、昭王书"卒"，厉王书"死"。后人斤斤致辨，皆非也。尚镕谓孝公书"生"以朝天子，武王书"死"以窥周室，妄矣。

秦始皇本纪

上宿雍

梁氏驳裴骃称"上"尊尊之义，谓此乃误仍《秦史》旧文，与《燕世家》称"今王喜"同。按：误仍旧文，《史》固有之，然"上"本不定，为见在本朝之称也。

归谓《说苑》[2]载茅焦谏书，颇害义，故略之。按：《说苑》本采战国时杂说，史公所见书不如子政之多，或本不知此，或以其不足信而弃之，

---

[1] 余有丁（1526—1584）：字丙仲，号同麓，明鄞县（今属浙江宁波）人。生平校书严谨，南监本二十一史有其校刊之题识。明万历三年（1575），任南京国子监祭酒时主持刊刻《史记》。此本以嘉靖九年（1530）本为底本，然校勘不精，且对三家注文多有删削。著有《文敏公集》。所校《史记》称明监本，为《史记评林》校勘时所依据。

[2] 《说苑》：汉刘向编，成书于鸿嘉四年（前17），又名《新苑》，属于古代杂史小说集。刘向（前77—前6），原名更生，字子政，沛（今江苏沛县）人。《说苑》原二十卷，后仅存五卷。按类记述春秋战国至汉代遗闻逸事，每类之前列总说，事后加按语。以记述诸子言行为主。二十卷的标目依次为：君道、臣术、建本、立节、贵德、复恩、政理、尊贤、正谏、敬慎、善说、奉使、权谋、至公、指武、谈丛、杂言、辨物、修文、反质。

要必非为害义也。

方曰："《琅邪颂》妄言侮圣，故备载与议者之名，以见其敢为不义。"按：此殆原文有之，他篇无之，盖原文无耳，方说殊凿。七篇皆夸词，何独于此著其罪邪？方氏前评又谓余无后语者，举一例余，二说自相违迕。而王拯强合之，谓举一例余，而所举则尤有系者，义仍不悖，亦太曲矣。

尚镕谓始皇生事，略于纪而详于传，乃史家回护之法。此不知纪、传之分之言也。

更名腊曰"嘉平"

王曰："特书秦皇欲仙之始，盖自是以后，一意求仙。"按：此亦凿说。此本当书，即后不求仙亦应书。凡自昔评是书者，每于本应书之事，说为特笔，皆不可从，今不具驳。

卢生相与谋曰云云

殆以此语扬始皇恶。班孟坚《霍光传》书任宣语，即此法。

尚镕谓二世宜别作《本纪》，盖初创例多不纯，非也。纪以编年通史，宜略不宜详，省并无不可。

项羽为西楚霸王云云

此数语亦见项羽列纪之意。

太史公曰以下

冯班曰："史公以'贾生推言'一句，全载《过秦论》三篇，另是一格。其先列第三篇者，论始皇兴衰，应'始皇自以为'三句。次列第一篇者，论秦之先公，应赞中'兴，邑西垂'等句。末列第二篇者，总论其大势，归到二世结耳。"

按：此就今本为说也。

《集解》徐广曰："一本有'秦并海内'篇，无前者'秦孝公'已下，而以'秦并兼诸侯'继此末也。"

---

① 方曰：本书行文称引"方曰"、"方氏曰"，指方苞《史记注补正》。

《索隐》曰："按：贾谊《过秦论》以'孝公'以下为上篇，'秦兼并诸侯'为下篇。邹诞生云：'太史公删《过秦论》著此，当其义而省其辞①。褚先生增续既已混殽，而世俗小智不惟删省之旨，合写本论于此。'"

归曰："当从别本，起'秦并海内'至'二世之过也'，续以'秦并兼诸侯'至'社稷安矣'。而'孝公'以下，当属之《陈涉世家》。"

梁曰："今以下篇后段置于上篇之前，以下篇前段置于上篇之后，何其紊也？盖史公取上篇为《陈涉世家》论，取下篇为《始皇纪》论，后人妄以上篇增入此纪，而又传写倒乱，且与世家复矣。"

王鸣盛《十七史商榷》②曰："吾藏《新书》淳祐本，自'秦孝公'起为上篇，自'秦并海内'为中篇，自'秦兼诸侯'为下篇。今本《史记》则倒其次。又《陈涉世家》末有褚先生一段，即用'秦孝公'一段。如《本纪》已有此段，则两处重出，不但迁必不如此，即褚生亦不至是。今取原书寻绎，上篇是专赞始皇，而以陈涉六国相形，以见其不施仁义，亡国亦易。中篇亦数始皇罪恶，而下半欲归罪二世。下篇则兼责子婴，其次第甚明。更取徐、裴、司马《注》详玩，知马迁当日实取中、下二篇为《本纪·赞》，上篇为《陈涉世家》赞，而中、下篇仍就贾生原次，未尝倒。本纪赞中上篇一段，乃魏、晋间妄人所益。后人见世家重出，疑出褚手，又妄改世家赞'太史公曰'为'褚先生曰'。"

崔适曰："贾生《过秦论》三篇自为首尾，此录其下篇也。各本复录其上篇、中篇于下，此王船山所谓尻下出头者③，必非《史

---

① 此处所引《集解》、《索隐》文字与中华书局本有所不同，有省略。

② 王鸣盛《十七史商榷》：王鸣盛（1722—1797），清江苏嘉定（今属上海市）人。字凤喈，号礼堂、西庄，晚年改号西沚居士。撰有《尚书后案》、《蛾术编》等，乾嘉史学代表人物之一。作者解释《十七史商榷》一书说"十七史者，上起《史记》，下讫《五代史》"，其主旨："予为改讹文、补脱文、去衍文；又举其中典制事迹，诠解蒙滞，审核舛驳，以成是书，故名曰《商榷》也。"前六卷是对《史记》的考订。

③ 王船山所谓尻下出头者：语出王船山《夕堂永日绪论》："起承转收以论诗，用教幕客作应酬或可。其或可者，八句自为一首尾也。塾师乃以此作经义法，一篇之中，四起四收，非蠚虫相衔成青竹蛇而何？两间万物之生，无有尻下出头、枝末生根之理。不谓之不通，其可得乎？"王船山即王夫之（1619—1692），明清之际衡州府（今衡阳市）人，字而农，号姜斋。与顾炎武、黄宗羲并称明清之际三大思想家。其著有《周易外传》、《黄书》、《尚书引义》、《永历实录》、《春秋世论》、《噩梦》、《读通鉴论》、《宋论》等。

记》本文。下载'班固云：贾谊、司马迁曰：向使子婴有庸主之
才'云云，文出下篇，则下篇固汉时《史记》所已录。而晋时一
本有中篇者，亦后人窜入也。《陈涉世家·集解》引班固《奏事》
曰：'太史迁取贾谊《过秦论》上下篇以为《秦始皇本纪》、《陈涉
世家》赞文。'今按：世家录其上篇，则此惟录其下篇，无中篇，
有明证矣。"

炘按：诸说皆谓无上篇，而各不同。小司马、梁氏说谓贾论本是二
篇，故止谓上篇为后加；王氏、崔氏则据今《贾书》谓本是三篇；王氏止
谓上篇为后加；崔氏则谓中篇亦后加。若《索隐》所见，是《贾书》古
本，则合之。班固《奏事》所云，当如梁、王说，不当如崔说。然观徐广
注语，则今本之倒错，徐广时已然。若贾书本二篇，不应下篇又自割裂为
二。且其文实不似一篇，则崔说据班固《奏事》语近可信矣。然又引下文
班固语为证，则非。下文固不必全举上文，其不举中篇，不可为无中篇之
证也。

襄公立以下

梁曰："此篇是《秦纪》，魏了翁《古今考》①谓班固明帝时所得
也。史公言秦烧书，独《秦纪》不灭，故东汉时犹有存者，后人遂并
班固语附载本纪之末，《史诠》及《丹铅录》②并云古本自低两字，别
于正文。"

按：魏说是也。杨慎③谓太史公存以互证，非也。

——————————

① 魏了翁《古今考》：是书前有自序，称即汉纪随文辨理，作《古今考》。摘《汉书·高
帝纪》中名物称谓字义音释，略为辨论，与序相应。自东坡《胡麻赋》以下，皆杂记他事，
注曰以下杂识诸条附。魏了翁（1178—1237），南宋邛州蒲江（今属四川）人，字华父，号
鹤山。其著作还有《鹤山全集》、《九经要义》、《经史杂钞》、《师友雅言》等，词有《鹤山长
短句》。
② 《史诠》及《丹铅录》：明人程一枝《史诠》，明人杨慎《丹铅录》，二书"并云古本自襄公
立以下低两字别于正文，今本平头刻，殊失其旧矣"。程一枝，字巢父，休宁（今属安徽黄山）
人。此书专释《史记》字句，校考诸本，颇有发明。
③ 杨慎（1488—1559）：明四川新都（今成都市新都区）人，字用修，号升庵，后因流放滇
南，故自称博南山人、金马碧鸡老兵。著有《升庵集》、《江陵别内》、《宝井篇》、《滇池涸》等。
《丹铅录》正文字，明音义，考证精详，给予《史记》文笔以极高评价，考订涉及《律书》、《滑稽
列传》等。

项羽本纪

梁曰："本纪不当称字。"程一枝《史诠》曰："以《月表》例之，当称《楚项王本纪》。"按：古史小例，不如此画一，名字参差，《左传》已然。盖从时人口称而书之，本不以是为褒贬。且《史公书》本多不齐一，班叔皮已言之，梁氏一一绳之，无当也，今不具说。

《索隐》、《史通》、《后汉书注》①、《容斋随笔》②、《续古今考》皆谓项羽不当列本纪，由不明通史之法，及纪传经纬之义也，已详《史体论》。

《评林》引林駉③曰："项羽政由己出，且封④汉王，则羽可纪也。"

宋罗泌《路史·后纪》⑤谓："高祖之王，出于项籍，天下之势在籍，高祖固出其下，《史记》纪籍，得编年之法。"

王氏《明史稿例议》⑥曰："羽为伯王，政由己出，是时汉未得天下，纪羽可也。"

冯班曰："秦亡后，天下之权在项羽，故作本纪。当时羽实主约，汉封巴蜀，羽为之也。故用共工之例，列于本纪。"

冯景⑦书后曰："作史之大纲在明统，羽号令天下既五年矣，此五

---

① 《后汉书注》：唐高宗之子章怀太子李贤等为《后汉书》所作注。

② 《容斋随笔》：南宋洪迈著《容斋随笔》共《五笔》，七十四卷，一千二百二十则。是其多年博览群书、经世致用之随笔所记。自经史诸子百家、诗词文翰以及历代典章制度、医卜、星历等，无不有所论说。其中，《容斋随笔》十六卷，三百二十九则；《容斋续笔》十六卷，二百四十九则；《容斋三笔》十六卷，二百四十八则；《容斋四笔》十六卷，二百五十九则；《容斋五笔》十卷，一百三十五则。洪迈（1123—1202），南宋饶州鄱阳（今属江西）人，字景卢，号容斋，又号野处。

③ 林駉：生卒年不详，南宋宁德（今属福建）人，字德颂。博极群书，尤谙宋代典故。著有《古今源流至论》、《皇鉴前后集》。其评说《史记》，收入《史记评林》。

④ 封：沪本作"对"。恐误。

⑤ 宋罗泌《路史·后纪》：南宋罗泌《路史》，共四十七卷，前记九卷，后记十四卷，国名记八卷，发挥六卷，余论十卷。路史，即大史，记述上古以来有关历史、地理、风俗、氏族等传说与史事。

⑥ 王氏《明史稿例议》：清雍正元年（1723）六月，王鸿绪进呈所撰《明史稿》，包括纪、志、表、传，共计三百一十卷，即后来刊刻的所谓《横云山人明史稿》。并撰《史例议》一文，说明本书体例："纪、传、志、表本属一贯，纪编年以载其纲。"又就本书如何处理与南明等关系做出说明。

⑦ 冯景（1652—1715）：字山公，一字少渠，清浙江钱塘（今属杭州）人。著有《幸草》、《樊中集》、《解春集》、《奇奴传》。

年之统，非羽谁属哉？天下不可一日无君，君天下不可一日无统。"

殿本《考证》张照按曰："史法，天子为本纪，盖祖述史迁，迁前无所谓本纪也。但迁之意，亦非以本纪为天之服物采章，如黄屋左纛也。特以一时事权所属，则其人为天下之本，即谓之本纪。如《秦本纪》言秦未得天下之先，而天下之势已在秦也；吕后未若唐武氏之篡也，而其时天下之势在吕氏，则亦曰本纪也。后世史官君为本纪，臣为列传，固亦无可议者。但是宗史迁之法而小变之，不得转据后人讥前人也。"

按：此诸说是也。冯班共工之喻尤明确。《史通》讥此纪全同传体，甚中，而谓羽僭，不当为纪则非，已详《史通驳议》。冯景之言，稍有语病。《史》止以事势之主为纪，非计及于统。言统，则引起正统之争矣。《容斋随笔》、《路史注》、宋濂皆谓当纪义帝，其说自有理。然此纪之立，本所以为秦、楚之际之纲，义帝死后，汉未统一者尚数年，且义帝固止虚名，史家纪实，故不托义帝而托羽。《自序》曰："项梁业之，子羽接之。"固知史公不数义帝，后世正统之争，固古人所不论。断代犹可论正伪，通史本不能计此也。赵翼《陔余丛考》[1]谓义帝智略信仁，亦有足称，马、班不为立传为疏漏。此亦不知史之列传以书事，不以褒贬也。

黄震《日钞》[2]曰："迁以羽尝宰制天下而纪之，疑已过矣。然既君

---

① 赵翼《陔余丛考》：赵翼（1727—1814），清江苏阳湖（今属江苏常州武进区）人，字云崧，一字耘崧，号瓯北，又号裘萼，晚号三半老人。《陔余丛考》系赵翼之读书札记，不分门目，以类相从，卷一至四论经义，五至十五论史学，十六至二十一杂论掌故，二十二至二十四论艺文，二十五论纪年，二十六、二十七论官制，二十八、二十九论科举，三十、三十一论风俗名义，三十二论丧礼，三十三论器物，三十四、三十五论术数及神佛，三十六至三十八论称谓，三十九至四十三为杂论。其卷五列史记一、史记二、史记三、史记四，均为《史记》之考证。又考证《史记》"伯益、伯翳一人"、"赵氏孤之妄"、"宰我与田常作乱之误"、"齐湣王伐燕之误"、"楚、汉五诸侯"、"三户"、"广武"、"司马贞《史记索隐》"、"《汉书》"、"《史记》阙文，《汉书》衍文"。本书以其为循陔（即奉养父母）时所辑，故名《陔余丛考》。

② 黄震《日钞》：即《黄氏日钞》，南宋黄震撰，凡九十七卷，读经三十卷，读三传及孔氏书各一卷，读诸儒十三卷，读史五卷，读杂史、读诸子各四卷，读文集十卷，计六十八卷，皆论古人，其余奏札、申明、公移、讲义、策问、书记、序、跋、启、祝文、祭文、行状、墓志著录计二十九卷。黄震（1213—1280），南宋庆元慈溪（今属浙江）人，字东发，学者称为越先生。评《吕太后本纪》曰："吕后欲王诸吕，王陵力争，可谓社稷臣矣。平、勃阿意王之，勃虽卒诛诸吕、安刘氏，然已功不赎罪；若平又何以赎之，而反受赏邑三千户，金二十斤耶？……平真汉之罪人也。"又评《酷吏列传》："郅都非酷吏也，而酷吏实自郅都始也。"

之,而又字之,抑扬之义,岂有在欤?"按:《史》于陈、项,皆不称其王号,而称其字,亦未必是贬也。

彼可取而代也

特书此语,著匹夫狂起之初机。此三代与秦、汉以下之一大关键也。《高纪》书"大丈夫当如是矣",《陈涉世家》书"王侯将相,宁有种乎",皆此义。

陈婴者云云

归氏曰:"中包陈婴小传,凡大纪传中多有此等法。"按:陈婴事仅此,自不须别立传,此处自当叙婴原起,非有意为小传。读书如是观则可,如谓作者如①是造,则凿矣。说史最当慎于此际。

汉之元年

冯景书后曰:"或谓《羽本纪》仍书汉元,是天下大统,史迁不与楚而与汉也。是固然《春秋》之法,有名与而实不与,其人行弑而为君,直书其弑,而仍不没其君之号。羽既灭秦,则登之本纪,而不没其为君之文。羽放弑义帝,则以汉纪元,名与而实不与,所以彰其弑君之罪。"

按:此亦凿说。当时诸侯各自纪年,此纪汉元,取便后世之计算耳,岂以为褒贬乎?登本纪本非与,元号亦不可削,古史亦不以削元为贬,后儒妄凿之论,史家不计是也。

方氏曰:"楚与秦合兵,由赵而怨结于齐。羽之东归,又二国首难,而其国事亦多端,故因与齐将田荣救东阿,入诸田角立之衅,于救赵入张耳、陈馀,共持赵柄,以为后事张本,然后脉络分明。韩、魏及燕,于刘、项兴亡,无关轻重,则于羽分王诸将见之。先后详略,各有义法,所以能尽而不芜也。"

---

① 如:沪本无此字,脱漏也。

顾炎武《日知录》①曰："秦、楚之际，兵所出入之途，曲折变化，唯太史公叙之如指掌。以山川郡国不易明，故曰东、曰西、曰南、曰北。又以关塞江河为一方界限，一言之下，了然形势。故曰'渡江而西'，曰'引兵渡河'，曰'略地至河南'，曰'渡淮'。自古史书兵势地形之详，未有过于此者。"

按：此篇叙事工处，大要则善用"已"字"之"字，能并说一时东西南北事，错综不乱。其用"已"字者，如"已并秦嘉军"，"已破东阿"，"章邯已破楚兵"，"已破羽"，"已杀卿子冠军"，"于是已破秦军"，"项羽已定东海"诸段是。其用"之"字者，如"项王之救彭城"，"汉王之败彭城"，"汉王之出荥阳"诸段是，皆脱卸之法。其尤转换有力者，则如"又闻沛公已破咸阳"，"是时汉还定三秦"，"汉王部五诸侯军伐楚"，"闻淮阴已举河北"诸句是也。又善用"当是时"句。至其叙事之妙，则气举而语简，如"项梁起东阿，比至定陶，再破秦军"。"项羽晨朝上将军宋义，即其帐中斩宋义头"，"九战，绝其甬道，晨击汉军而东"。"楚起于彭城，常乘胜逐北，与汉战荥阳南京、索间"云云，皆剥去肤语支语，故无滞态。归、方知之而语未详，但寓之圈点中，又往往但知气盛而未知词精，今指出之，以与归、方评点合观。凡彼所谓神妙者，皆不必深求而自得矣。

籍何以至此

王氏引梅曾亮说，谓"至"字当从毛本作"生"，"生"字可味。非也。"生"字无义，史公不作此艰②异字。桐城文家好为玄怪之论，不可从。

---

① 顾炎武《日知录》：《日知录》，明末清初顾炎武"稽古有得，随时札记，久而类次成书"之作，书名取义于子夏语："日知其所亡，月无忘其所能。"自言"平生之志与业皆在其中"。共三十二卷，条目一千零一十九。内容可分经义、史学、官方、吏治、财赋、典礼、舆地、艺文。顾炎武（1613—1682），南直隶苏州府昆山（今江苏昆山）人。本名绛，乳名藩汉，别名继坤、圭年，字忠清、宁人，亦自署蒋山佣，学者称亭林先生。此处所引，见《日知录》卷二六。本卷中所评，尚有："《史记》于序事中寓论断：古人作史，有不待论断，而于序事之中即见其指者，惟太史公能之。"又有："《汉书》不如《史记》：班孟坚为书，束于成格，而不得变化。且如《史记·淮阴侯传》末载蒯通事，令人读之感慨有余味。《淮南王传》中伍被与王答问语，情态横出，文亦工妙，今悉删之，而以蒯、伍合江充、息夫躬为一传，蒯最冤，伍次之，二淮传寥落不堪读矣。"

② 艰：沪本作"难"。

太史公曰：吾闻之周生云云

此乃诧其兴之暴，求其说而不得耳。

史公于古今之变最致意，不然楚本不出舜，重瞳岂必一家，史公何作此痴语邪？王若虚又从而辨驳，则所谓痴人不可与说梦矣。

遂将五诸侯至**号为霸王**

尚镕谓此即所以列纪之故，是也。

高祖本纪

梁曰："'高祖'乃臣下总谥号之称，不可为典要。"阎百诗①谓号曰"太祖"，《史》讹为"高祖"，班固正之。《续古今考》曰："不书'汉'字，疏也。"

> 凌稚隆曰："篇首书'高祖'，追称之也。及叙始事，称刘季，得沛，称沛公，王汉，称汉王，即皇帝位，称上，此史公缜密处。"
> 赵翼《陔余丛考》曰："此法本于《舜典》，未即位以前称舜，即位之后称帝。"
> 王若虚谓："'刘季'之称，在当时则可，迁数呼之可乎？"

此说则泥，古人自不以此为忌。

秦人大失望，然不敢不服

与上"秦人大喜，惟恐沛公不为秦王"文相对，此乃《史》文用意处，而归、方皆未指出，大抵归、方偏于论文气，往往于义无关，文顺说者，以顿挫密标之，而于此等反不留意。

汉王数项羽曰云云

十罪，弑义帝反居末。王九思②谓："据事之先后，非轻弑逆。"按：

---

① 阎百诗：即阎若璩（1638—1704），清初山西太原人，侨居江苏淮安府山阳县，字百诗，号潜丘，清代汉学发轫者。著有《四书释地》、《四书释地续》、《四书释地又续》、《四书释地余论》、《潜丘札记》、《重校困学纪闻》、《朱子尚书古文疑》、《孟子生卒年月考》、《眷西堂古文百篇》等。
② 王九思（1468—1551）：明代陕西鄠县（今西安鄠邑区）人。字敬夫，号渼陂，倡导文必秦汉、诗必盛唐，史称"前七子"。

矫杀卿子在负约王蜀汉前，而反居二，岂据先后哉？高祖心独以负约为罪，其为义帝发丧，特激诸侯耳。故第一即言负约，其情可知。王拯以为至末乃点正意，亦非。

当此时，彭越将兵居梁地，往来苦楚兵，绝粮食

倪思[1]曰："此正汉事将成处，子长重出此语，未必无意。"按：此固是挈明大势之言，然何必重书？史公文本多不整，无庸曲为之说。此类曲说亦多，今不具驳。

朱子[2]曰："浙学者谓《史记·夏纪·赞》用行夏时，《商纪·赞》用乘殷辂事，至《高纪·赞》曰'朝以十月，黄屋左纛'，讥其不用夏时殷辂，迁意诚恐是如此。"

按：此说虽纤，而未必不是。

共请尊汉王为皇帝

凌稚隆《汉书评林》曰："高祖初上尊号，开四百年之基，自当郑重，故《班书》载诸侯王两疏，及高祖两让之词，《史记》失之略矣。"按此不明断代、通史不同体[3]之言也，断代所应详，通史所应略。

皇帝曰：义帝无后云云

梁曰："本纪以制诏为重，自宜详载。今观汉诸纪，高祖、文帝之诏不载颇多，景帝则不载一诏，而其所载诏书，复不若《班史》概以'诏'称之，或称'高祖曰'，或称'皇帝曰'，或称'帝曰'，或称'上曰'，体例亦太错杂矣。"

---

① 倪思（1147—1220）：南宋湖州归安（今浙江湖州）人，字正甫。著有《班马异同》三十五卷，比较《史》、《汉》两书对应篇目，考其字句异同。全书以《史记》原文为主干，用大字书写，《汉书》增加的文字用细笔小写，删去者，则在其旁画一墨线标识，凡是《汉书》移动《史记》文字，即注明《汉书》"上连某文，下连某文"。如某文被《汉书》移入其他纪传，即注明"《汉书》见某传"。有甲马乙班之意味。另有《齐山甲乙稿》、《兼山集》、《经锄堂杂志》。

② 朱子：即朱熹（1130—1200），南宋徽州婺源（今属江西）人。字元晦，号晦庵，南宋儒学集大成者，世尊称朱子。于儒家经典中节选出"四书"（《大学》、《中庸》、《论语》、《孟子》）。并有《四书章句集注》、《楚辞集注》、《晦庵词》、《朱子语录》等。谓读史当先读《史记》："问读史之法。曰：'先读《史记》及《左氏》，却看《西汉》、《东汉》及《三国志》。次看《通鉴》。'"

③ 体：沪本作"本"。按："体"意长。

王应麟《汉书艺文志考证》[1]云："《文帝纪》凡诏皆称'上曰'，以其出于帝之实意也。此论殊非。纪中赦天下、赐酺、赦济北吏民，及除肉刑、议郊祀，何以称'诏'，不称'上'？岂不出于实意邪？而诏词每与《汉书》不同，甚且撮举数言而不全录，增损字句，而非原文，去取之情，固不可晓，擅改之咎，尚复何辞？《史通·点繁篇》谓撰史不妨减略诏书，以武后时史官写制诰一字不遗为訾，斯偏说也。岂亦因后世诏语冗长，故为此论，汉诏简古，奚取裁削哉？"

按：此说非也。《马》、《班》书载诏令，本于本纪之体不纯，说详《史体论》，岂可反以不详为讥。史家载文，本有删削之权，岂可谓简便不当删。梁氏之言，乃后世编档案之见耳。

吕后本纪

《序目》作"太后"。梁曰："'太'字衍，《汉书·迁传》是'吕后'。盖太后乃一时臣子之称，不曰'高后'者，不与其为高帝之后也，班氏便妄更。"按：作吕太后未尝不可，惟其尊为太后，乃得临朝；惟临朝，乃作本纪也。至谓不称"高"为绝之，更非。光武改配薄后，已为礼家所讥。吕但临朝，未闻移国，何得便绝？且后者，何人之后，既已称后，便非绝之矣。史公于篇题本不拘书法，班氏亦何遂为妄更？

《困学纪闻》引郑樵[2]，谓迁遗惠而纪吕为奖盗，然《通志》则谓《汉书》立《吕后纪》为当，自相矛盾。

---

① 王应麟《汉书艺文志考证》：南宋王应麟对《汉书·艺文志》之专题考证，以补颜师古《汉书注》中有关《汉志》部分注释以及补《汉志》阙收文献为主旨。补正颜师古《汉书注》中《汉志》部分之注释，补充《汉志》阙收文献。其特点在义理、考据两不误。重点"考证"《汉志》所著录的文献，对四十篇序言留意不多。开启后世补阙之先河。王应麟（1223—1296），南宋庆元府鄞县（今浙江宁波鄞州区）人，祖籍河南开封，字伯厚，号深宁居士，又号厚斋，另撰《玉海》、《困学纪闻》、《三字经》等。

② 郑樵（1104—1162）：南宋兴化军莆田（福建莆田）人。字渔仲，世称夹漈先生。著有《通志》、《夹漈遗稿》、《尔雅注》、《诗辨妄》。《通志》二百卷，例仿《史记》，于《史记》五体外，本《晋书》立载记，改表为谱，改书为略。记事上起三皇，下迄隋末。分传、谱、略三部分。二十略共五十二卷，《校雠略》和《艺文略》是目录学、校雠学重要文献。《通志·总序》给予《史记》很高评价："使百代而下，史官不能易其法，学者不能舍其书。六经之后，惟有此作。故谓周公五百岁而有孔子，孔子五百岁而在斯乎，是其所以自待者，已不浅。"批评刘知幾尊班而抑马。

黄震曰："惠帝立七年，名惠帝子者践阼复二人，史迁皆系之吕后，意者示女主专制之变也。然吕氏，汉之贼也，而可纪之哉？"

何焯曰："作《吕后纪》者，著其实，赞以孝惠冠之，书法在其中矣。"

按：此何说极是。《史公书》本通史，不为汉一代设。分立《孝惠纪》，则嫌繁矣。昔人极讥史公不立《孝惠纪》，要皆论辨正统之习耳。《文心雕龙》[①]、《索隐》谓当立《孝惠纪》，而以吕后、两少帝附之。王拯曰"纪吕可括惠，纪惠不能尽吕"，是也。《班书》亦立《吕后纪》，论者亦非之，已详辨于《汉书知意》。

是时高祖八子

凌曰："先总此段在前，以后叙吕后废置诸王，便不费力。"凌约言曰："欲侯诸吕，则有先封，而以'乃'字转之；欲王诸吕，则有先立，而以'风'字转之，皆《史》揣吕后意。"按：此等本不必挑剔而后明。

后鸩齐王、杀赵王事，班移入齐、赵二王传中。赵翼谓迁书于此，以著吕后之忍，固移之，较为得法。按：此无甚优劣可言，惟迁书此篇不甚符纪体，正如《项羽纪》耳。

诸人臣相与阴谋曰云云

梁曰："上文一则曰'孝惠后宫子'，再则曰'取美人子名之'，则不得谓非孝惠子。乃后言'诈名他人字，非刘氏，何欤？'《考要》谓大臣阴谋假词，以绝吕党，不容不诛，信已。史公两书之，有微意存焉。"

---

① 《文心雕龙》：南朝刘勰文学理论专著。成书于 501—502 年（南朝齐和帝中兴元年、二年）间。其命名来自于黄老道家环渊的著作《琴心》："夫文心者言为文之用心也，昔涓子（环渊）《琴心》，王孙巧心，心哉美矣，故用之焉。"全书十卷，五十篇。书中多处论及《史记》。如《才略篇》专评作家才思，谓司马迁既专史学，又兼文采："仲舒专儒，子长纯史，而丽缛成文，亦诗人之告哀焉。"《颂赞篇》谓《史记》之赞语是对赞体之发展："及迁《史》固《书》，托赞褒贬，约文以总录，颂体以论辞；又纪传后评，亦同其名。"《史传篇》肯定《史记》五体，谓其实录无隐："爱及太史谈，世惟执简；子长继志，甄序帝勣。比尧称典，则位杂中贤；法孔题经，则文非元圣；故本纪以述皇王，列传以总侯伯，八书以铺政体，十表以谱年爵，虽殊古式，而得事序焉。尔其实录无隐之旨，博雅弘辩之才，爱奇反经之尤，条例踳落之失，叔皮论之详矣。"

纪中作一片说，但叙废刘立吕，及诛诸吕事，未及当时国势，故于赞中补之。

孝文本纪

　　方曰："诸诏皆帝战兢恐惧，克己以怀安天下之大政，其他书则各入本传，观此可识本纪记事与言之法。"

　　崔适曰："五年、七年至十二年，后三年至后五年，皆无文。《汉书》有之①。'孝文帝从代来'至'兴于礼义'，在《汉书》为赞语，此乃移入纪，何其颠错而残缺也？张晏云：'景纪亡。'当是《文纪》之误。小司马所谓取班书补之者，在此不在彼也。不然，何由录班《赞》？且太史公于《高》、《惠》、《景》纪帝崩皆谥，此纪独否，高后、惠、景崩皆不地，此书于未央宫，皆与《班书》合，可为录取《班书》之证。"

　　按：此说似可信而实未安。史公本纪、世家书法，本参差不一律处多矣，岂可悉以为伪邪？帝崩不谥，或是脱文。且《高纪》书"高祖崩"，《惠纪》书"惠帝崩"，《景纪》则书"孝景皇帝崩"，亦不一律，孰为伪？高祖崩，亦书地，岂亦伪邪？缺略自是原文之简，倘写《汉书》，何不全写？若不缺，崔氏不将又以为伪证乎？若"代来"以下，论前论后，固皆可书，前人以为班移入赞，崔氏则以为写赞入纪，安见此是而彼非乎？赵翼《廿二史劄记》谓总叙自应在帝崩后，《史》殊非法，此乃以后史法绳之耳。

　　论意以不改正服封禅为仁，讥武帝为不仁也。

孝景本纪

　　张晏谓此篇本亡，《索隐》谓褚先生补之，梁氏已辨其非。董份②谓此

---

　　① 之：沪本无"之"字。似语气未尽。
　　② 董份（1510—1595），明浙江乌程县（今属浙江湖州）人，字用均，号浔阳山人，又号泌园。有《史记评抄》、《泌园集》。明代《史记》研究特色主要体现在评点上，其他如杨慎《史记题评》，王鏊、何孟春、王慎中等也撰有《史记评抄》，汇集在凌稚隆的《史记评林》中。

止书年月，明景不及文。茅坤①则谓《文》、《景》纪但系时事之大者，及明诏大政大议，特条见于将相名臣传纪中，不敢详次，窃谓史公未定之书。梁曰："《景纪》所书，惟大事另一体格，后世祖之。且有《汉书》所无者，岂他人所能伪哉？"按：梁说是也。虽不敢断他人不能伪，要无可定为伪也。方苞谓："申屠嘉、周亚夫皆非自卒，史公多直笔，此不宜曲讳。"吴汝纶曰："中三年，周亚夫死，'死'乃'免'字之误。嘉实呕血死，书'卒'宜也。方说非笃论。"

吕祖谦谓《文帝》多载诏书，至《景纪》则皆不载，盖以为不足载。王若虚驳之曰："史书，实录也，纵使行不副言，岂可悉没？此自迁之私愤。"按：王驳吕是也。然王说仍未安，迁何愤于景帝乎？

孝武本纪

《索隐》曰："褚先生补《史记》，合集武帝事以编年，今止取《封禅书》补之，信其才之薄也。"

殿本《考证》张照曰："《自序》云'作《今上本纪》'。夫既曰'《今上本纪》'，则自当有目无书。迁作本纪，自黄帝至武帝，则自当无书而有其目。"

崔适曰："观于《三代世表》、《五宗世家》下褚先生说，则其文章经术，卓尔不群，何至袭志为纪邪？谅褚补亦亡，后人因张晏之言，录此以充其数也。小司马诬褚先生矣。"

按：崔说是也。诬褚者，岂独小司马哉！张说有目无书则不然，苟今上不当书，则何必列此虚目邪？吴汝纶谓褚少孙所补，乃《汉书》中之《武纪》，非此篇。其说亦似是而非。褚补时无《汉书》之名，果今《汉书·武纪》为褚文，则本在此，不应后人更录《封禅书》矣。

---

① 茅坤：指茅坤《史记评抄》，明代《史记》评点著作之一。茅坤（1512—1601），明归安（今浙江吴兴）人，字顺甫，号鹿门。他提倡学习唐宋古文，反对"文必秦汉"，主张阐发"六经"之旨。著有《白华楼藏稿》、《茅鹿门集》。

太史公书知意三

表

三代世表

《索隐》曰："三代长远，宜以名篇。"

《正义》曰："五帝久古，传记少见，夏、殷以来，比于五帝，事迹易明，故举三代为首表。"

殿本《考证》德龄曰："五帝皆以天下为公器，自禹乃不得不家天下。史迁表之，所以作万世有天下者之模范，以纪首述五帝。又三代世系，又皆出黄帝，故仍自黄帝叙起，而名篇则曰'三代'。《索隐》未竟其义。"

梁氏曰："表中明标帝王世，则篇题当为'帝王世表'，乃止称'三代'，《索隐》、《正义》之说岂其然哉？"

按：《正义》说是也。以三代尤详可考，寓考信《六艺》之意耳。仍从黄帝起者，犹之先经始事耳。《索隐》但以长远为说，甚陋。德龄之说益支。

以《五帝系牒》、《尚书》集《世纪》

崔据《索隐》，谓："本作《五帝德》、《帝系姓》，今脱三字，是也。"

方曰："疑《世纪》亦古书名，盖《五帝系牒》及《尚书》所纪五帝三代事甚略，故并集《世纪》中世次为表也。"

按：《自序》亦云"取之谱牒"。《汉书·艺文志》有《帝王世谱》、《年谱》，及《太古以来年记》。

梁曰："五帝三王之世，其属长短不相当，自帝泄至帝辛，有世无属。又成王以后，周之世与列侯之属亦不相当，此非尽史公之误也。"

桓谭《新论》[①]云："《三代世表》旁行斜上，并效《周谱》。今表有旁行而无斜上，久失其旧，则知帝泄以下之无属，固因世系脱误，不能绵历无差。亦缘连叙殷、周之世于前，遂致乖绝，而列侯之属不相当，均是传写误尔。"

按：此说非也。旁行斜上，即谓纵横经纬格无属，自因无考，非由脱误。此表本止以世次排列，不取其年相当，《功臣侯表》诸篇皆然，班氏亦沿其例。彼之纵，即此之横也，岂亦传写误邪？纬以世次，乃因上古本氏族部落之故。今日观之，则若于检寻无用耳。若依《十二诸侯》、《六国》表之例，则三代年世多不可稽。即使可稽，而历祀长远，纬格限于纸幅，亦不足排列也。

鲁、齐、晋、秦、楚、宋、卫、陈、蔡、曹、燕

梁曰："侯之有世家者，自当尽载，何不及吴、杞、越？此宜鲁为先，蔡、曹、卫次之，明长幼也。次晋，武穆下于文昭也；次燕，为同姓；次陈、宋，周之恪也；次楚，尊师也；次齐，周以异姓为后也；次秦，封晚也；而补吴居于首，嘉让也；补杞于宋上，夏裔也；补越于楚之上，重故国也。"

按：此与《十二诸侯年表》同，但不及吴耳。其不及越，说见后。杞则以微而略。至其排列，本以鲁为主，而齐、晋、秦、楚四大国次之，余则威服于四大国者也，《十二诸侯表·序》言之甚明。梁氏不详读，乃以意妄改。其所言，乃礼官明伦之法，非史家明势之法也。

① 桓谭《新论》：桓谭（公元前23年前后—公元56年前后），东汉沛国相（今安徽淮北市）人，字君山，著《新论》，言"当时行事"二十九篇：《本造》、《王霸》、《求辅》、《言体》、《见征》、《谴非》、《启寤》、《祛蔽》、《正经》、《识通》、《离事》、《道赋》、《辨惑》、《述策》、《闵友》、《琴道》等。本处所引见《离事》。此篇又解《太史公书》书名："太史公造书，书成，示东方朔，朔为平定，因署其下。'太史公'者，皆朔所加之者也。"

十二诸侯年表

《索隐》谓篇言十二，实数十三者，贱夷狄，不数吴。苏洵更谓不数越者，摈之。赵恒①曰："吴后出，其事略，故不及。若贱夷狄，楚非夷狄乎？"梁氏亦如赵说，而直谓当作十三，下六国当作七国。

> 殿本《考证》德龄曰："是表主《春秋》，吴于春秋之季，始通上国，而寿②梦以前，自不得列于此表。然则'十二'之号，固不得不仍其旧。"

> 王拯曰："史公殆以齐至吴为十二诸侯，而周、鲁不与焉。盖此表本《春秋》，以周、鲁为纲纪。《序》曰：'齐、晋、秦、楚微甚。'而不言鲁。又曰：'自共和迄孔子。'是以周、鲁为起讫也。若既列吴，而又贱之不数，岂理也哉？越则僻远，未有赴告，即列于表，无所可书。《六国表》不数秦，以秦为纲纪，义正同矣。"

按：王说是也。《春秋》本编年鲁事，已不待表，此特以《春秋》为纲。而表六国，故不数鲁也。此《序》标《春秋》，《六国表·序》标《秦记》，已著其旨，本甚明白，不待多辨。诸家纷纷，皆不细读《序》耳。如《汉兴以来诸侯年表》，首一格亦列汉，汉岂在诸侯数中邪？经格不可无标准，造表之常法，何奇之有？

呜呼，师挚见之矣

此托义于《诗》，即"《诗》亡《春秋》作"之义。

方氏以"七十子之徒"，及"鲁君子左丘明"一段分配"断其义，骋其词"，非也。"儒者断其义"，包七十子以下，至董仲舒。"驰说者骋其词"，则为公孙、韩非也。张苍亦治《左氏》，方但谓为历谱之学，亦非。梁疑遗《晏子春秋》、《楚汉春秋》。按《晏子》、《陆书》皆不取《春秋》

---

① 赵恒：明嘉靖时晋江（今属福建）人，字志贞，嘉靖十七年（1538）进士，官至姚安府知府。著有《史记涉笔》及《春秋录疑》、《庄子涉笔》、《忠爱堂稿》、《子史经济录抄》、《文集》。《春秋录疑》十六卷，是书以北宋胡安国《春秋胡氏传》为本而敷衍其意，专为科举而设，于《春秋经》文之可为试题者，每条各于讲义之末总括二语，如同制艺之破题，其合题亦附于后，标所以互勘对举之意。

② 寿：沪本作"寻"，恐误。

之义与文，故不举。自《铎氏》、《虞氏》论《春秋》成败，而孟、荀诸家皆以《春秋》之义断事立谊，故皆为《春秋》家。《史通》讥虞、吕书不编年，而名《春秋》，为名实之爽，不知传《春秋》者，不皆作编年。古之传记，诸子本相出入，即太史公自称"上继《春秋》"，亦岂编年书邪？

吴汝纶曰："自'纣为象箸'而下，皆言世乱而箸作始兴，自厉王始乱，四国更伯，孔子所以作《春秋》，此《十二诸侯》之提要，亦自况己之《史记》亦《春秋》之类。后幅历引各家《春秋》，不能得《春秋》要领，己所以作《史记》也。然不明挈此义，乃以谱十二诸侯乱之，使人骤求其恉[①]，而不能得，此史公文所以为奇。"

按：此说有是有非，十二诸侯当春秋时，故于此表言《春秋》，叙《春秋》家源流。谓其书多，难观要，故作此表。文义甚明，非谓诸家皆不得要领，而作《史记》以发明之也。吴氏强凿之使深，反谓史公乱其词而以为奇，岂足信乎？

太史公曰段

合年月世谥为谱，而述盛衰大指，兼历人数家，而凭儒者以综终始也。因记十二诸侯本《春秋》，故叙《春秋》以明己之家法。

六国表

《评林》引茅坤曰："予观太史所撰，次《五帝》、《三王》纪甚无经纬，而《秦纪》独详，颇疑之。及读《六国表》乃知古史藏周室，为秦所灭，而《秦纪》偏得不废，故太史本之。"

方曰："六国并于秦，史记为秦所焚，所表六国事迹，独据《秦记》，故通篇以秦为经纬。"

钱大昕曰："《十二诸侯年表》，终敬王四十三年，其时惟陈、曹先亡耳。史公以《六国表》继之，晋附于魏，郑附于韩，鲁、蔡附于楚，宋附于齐，各述其后事，以续前表。文简而法密矣。三家分晋，魏得晋之故都，故魏人自称晋国，而韩、赵则否。史公以晋附魏，盖以此。"

---

① 恉：通"旨"。

按：此二说是也。梁氏谓当作七国，且谓先书三晋，为夺君与臣，当改为晋、燕、楚、齐、秦，此亦不读《序》之妄论。此表乃表战国，晋不过缘起耳，秦乃表主，岂可居末？

盖若有天助

盖，疑词。吴曰："此乃反复推求，不得其所以并天下之故。"

传曰：法后王段

方氏曰："自汉以后，所用皆秦法，史公盖心伤之而不敢正言，故微词以见之，非果以秦为可法也。"

又曰："篇首读《秦记》，必《秦记》中有'秦制可法后王'语而引申之。"

方曰："六国失道，秦能自强于政治，其始事也。汉兴，一仍秦法，其终事也。"

姚范[1]书后曰："世变之极，天下竞谋诈而弃德义。秦之德义，无足比数，而卒并天下，乃前古所未有，故求其说而不得者，或本以地形，或归诸天助，又或以物所成熟之方，宜收功实，而不知秦之得意，盖因乎世变。以谋诈遇谋诈，则秦非六国所能敌，此世变也。世变异则治法随，故汉多沿秦法。昔三代受命相因，孔子以为百世可知。秦始变古，乃曰'法后王'，何也？孔子所谓因者，礼也，天不变，道亦不变。迁之所谓法者，政也，政必逐乎情与势而迁。"

包世臣[2]书后曰："孟开曰：史公序《六国表》，先刺僭越，次讥暴戾，继言得天助，据地势，而终以法后王。秦岂有可法乎？支离其辞，意将何属？曰：是史公之所以观于孔子，而班氏以为微文者也，盖全书之纲领矣。孔子曰：'人有礼则安，无礼则危。'[3] 安[4]上治民，

---

① 姚范（1702—1771）：清安徽桐城人，初名兴涑，字巳铜，后字南青，号姜坞，晚号几蓬老人。与刘大櫆、齐召南、杭世骏等友好交往，姚鼐系其侄。著有《援鹑堂诗集》、《援鹑堂文集》、《援鹑堂笔记》、《曝书亭诗评点》及《望溪文集评点》等。

② 包世臣（1775—1855）：清安徽泾县人，字慎伯，号倦翁，又号小倦游阁外史。著有《安吴四种》、《小倦游阁文稿》。包世臣谓《史记》"非仅一代良史，明为百王大法"，著《艺舟双楫》对《史记》进行研讨。此处所引包世臣之语出自《艺舟双楫》中的《论〈史记·六国表叙〉》。

③ 无礼则危：《礼记·曲礼》所记孔子语。

④ 安：沪本无此字。

莫善于礼。能以礼让为国乎，何有？不能以礼让为国，如礼何？善哉，史公之《自序》也。'王道缺，礼乐衰，孔子修旧起废，作《春秋》，拨乱世，反之正。'《春秋》者，礼义之大宗，礼禁未然之前，而为用难知。盖其幼诵古文，长则讲业齐、鲁之都，观孔子之遗风既多也。史公既不能达所学以变汉，夫是以不让周、孔五百之期。垂空文，著兴坏，欲以明齐礼之化而已矣。故篇首引《礼》文以正秦襄之僭，明秦之废礼，自上始也。礼废则必争，争必以利。战功者，利之大而争之至极也。好战则财匮，不能不专利；专利则人心不附，不能不严刑。以心移争利之身，涉严刑之世，不能不阿谀取容。史公伤之曰：'先本绌末，以礼义防于利，事变多故，而亦反是，职是故也。'至推秦之德与力，皆无可以并天下而当天心者，谓上帝必歆其非礼之祀而助之，则未敢质，故言'若'以疑之。《伯夷传》之所反复申明者，仍此志也。是其心忧时变，而为天下后世计者，至深且切。寓意六国，则于汉为无嫌，危行言孙之教也。秦蔑礼用暴，汉不引为殷监，而循其故辙，故贾生曰：'秦功成求得，终不知反之廉节仁义，转而为汉，遗风余俗，犹尚未改。'高祖常称李斯有善归主，孝文以吴公尝学事于李斯，征为廷尉，是举事不非秦也。然则史公谓战国权变，颇可采讥，学者牵于所闻，不察终始，而以汉兴自蜀汉，互证秦收功实之故，属事比类，隐示端绪，真知惧之君子哉？惧以汉因秦不变，而礼教遂至废亡也。高祖素慢无礼，唯能以爵邑饶人，陈平谓士之顽钝嗜利无耻者多归之。继以孝文，好刑名之言，窦太后尚黄老之术。黄老尊生，尊生则畏死，求不死者，必矜无外。孝武不胜多欲，而逐始皇之迹，土木兵革无虚日，徭役繁，怨讟兴，而算轺告缗之法，见知诽谤之律，相继并作。盖《平准》、《封禅》所记，其事皆昉于西畤也。迹汉廷君臣父子之间，其惭德洵不后秦矣。然秦虽遗礼义，黜儒术，而圣人遗化犹在齐、鲁之间，申公、辕固生之流，并廉直无所绌意。及叔孙通希世度务，弟子皆为首选。公孙弘曲学阿世，广厉学官之路，举遗滋利孔，兴礼造争端，至使文学掌故，援《春秋》，比轻重，以求尊显，是《礼》亡于通，儒亡于弘也。

"史公知化争莫如让，绌利莫如义，是故太伯冠世家，伯夷冠列传，重让也。表两客穿孔，美两生不行，书王蠋绝吭，纪田叔钳足，尚义也。尚义重让，则礼殆于可兴矣。然而汉廷诸臣，唯贾生为能不以卑近自围，达制治之源。其言曰：'遗风易俗，使天下回心向道，类非俗吏所能为。俗吏务刀笔筐箧，报簿书期会，不知大体。秦俗尚告讦，任刑罚，今不避秦辙，是后车又将覆也。先王执劝善惩恶之政，坚如金石。而必曰"礼云礼云"者，贵绝恶于未萌，以起教于微眇也。'孝文以为然，使草具事仪，兴礼乐，悉更秦法，而绛、灌大臣，短而抑之。史公悲贾生之穷乏，不止其身也，故既善其推言《过秦》之说，复齿之屈平以明其志。所以深致憾于娼嫉壅害，而为万世有心维持礼教者怵也。管、晏之勋，烂然矣，史公乃推本鲍叔，艳述越石。凡以尚让重义之教，必待人而后行，庶几帝臣不蔽，足以黜利去争，隆礼而兴孔子之业耳。相其折壶遂比于《春秋》为谬，自居'整齐世传，非所谓作'，而卒谓'略以拾遗补艺，成一家之言'，明为百王大法，非仅一代良史而已。孟坚读之，乃不得其旨归，猥以为陷刑之后，贬损当世，是非颇谬于圣人。史公所为著于书首，大声疾呼'非好学深思，心知其意，固难为浅见寡闻道者也'。"

又附记曰："绌礼尚法以争利，秦治也。汉初因之，至孝武，兴礼重儒，顾专①饰玉帛钟鼓以欺世，而严刑嗜利，反甚于高、惠、文、景之世，遂使利操大权，而人心趋之如鹜。是天意欲变古今之局，故史公发愤而作。全书言'废书而叹'者三：一厉王好利，恶闻己过；一孟子言王何必曰利；一公孙广厉学官之路。其义类可见矣。"

按：此论甚有条贯，然亦有支蔓牵强处，如以首泰伯、伯夷为表让，孝文、窦后为启孝武，皆失实。

《评林》引宋林駧曰："《六国年表》所以示天下之名分，故齐康公之十九年，为田和迁居海上，而书曰'齐太公卒'，且系之康公二十年。康公既卒，始书曰齐，此尊卑逆顺之正理可见矣。"

按：此亦据实耳，盖虽迁海上，而号未废也。

秦楚之际月表

赵恒曰："秦楚之际"者，秦二世子婴，楚则陈涉、义帝与项籍也。

---

① 专：沪本作"尊"。

初作难至成于汉家

史公以陈为世家，项为本纪，不数义帝虚名，即此意。后人不知，因多妄论。

王迹之兴至为天下雄

此所谓"古今之变"也。苟非秦已并兼，大势集于一，安得起一方而为天下雄，易代如是之速。

岂在无土不王至岂非天哉

封建时皆有土乃王，变为郡县，乃莫之为而为，故以为"天"。既云天，则非以圣矣。其两言"圣"，皆止作疑词，本非圣，而不得不言圣，以杜效尤。后世郡县之天下，立言多异于古，即以此故。史公于此尽吞吐抑扬之妙，后人鲜能识之。

钱曰："别项于楚者，义帝虽项所立，羽不为义帝用也。且项梁与沛公起兵，皆在涉未败前。其后权奉义帝，不得竟系于楚。列汉于赵、齐之下，魏、韩之上，赵、齐强也。赵先于齐，据起之先后也。"

按：此说极详细。标楚者，统一时之势；别汉、项于楚者，核并起之实。梁谓汉封出于项，故项先汉。又谓赵为王先于齐，汉不后于赵、齐，则拘论也。

林駉曰："《秦楚月表》上尊义帝，而汉居其中，明大义也。"

钱大昕《与梁曜北论史记书》曰："足下谓《秦楚之际月表》当称《秦汉》，不当以楚踞汉先，俨然承周、秦之统，蒙未敢以为然也。此篇微恉厥有三端：一曰抑秦、二曰尊汉、三曰纪实。何谓抑秦？秦无道，史公所深恶也。秦虽并天下，附书于《六国表》之后，不以秦承周也。及陈涉起，秦犹未亡也，而即侪诸楚、齐、燕、赵之列，犹六国视之也。虽称皇帝者再世，与楚之称霸王等耳。《表》曰'秦楚'，言秦之与楚匹也。何谓尊汉？史公以汉继三代，不以汉继秦。若系汉于秦之下，是尊秦而贬汉也。《十二诸侯年表》不题周而周尊，《秦楚之际月表》不题汉而汉尊。秦、楚皆亡国之余，以汉承之，失立言之体矣。何谓纪实？楚虽先亡，覆秦之社稷者楚也。高祖亲北面义帝，汉王又项羽封之，秦亡之后，主天下命者，非楚而何？《本纪》

既述其事，而《表》又以'秦楚之际'目之，言天下之大权在楚也。"

按：梁说固非，钱辨亦谬。是书乃通史，不以汉为主。《表》之用，所以齐不齐。秦统一时，本不须表，故附书《六国表》后，而不别立。秦末则须表，故立此《表》。名"秦楚"者，正以上接六国，下接汉兴耳。此乃事之自然，非有抑秦尊汉之意。钱氏所说，皆是支词。《自序》曰："八年之间，天下三嬗"，夫岂不以楚汉继秦乎？要之，《史》表所以明事势，非以褒贬，一切推测争论，皆无谓徒劳耳。

汉兴以来诸侯年表

梁曰："《汉书·迁传》无'兴以来'三字，是也。此后人增。《索隐》本'侯'下有'王'字。"按："兴以来"三字不必后增，"王"字则当有。诸侯王，乃当时定名，以别于古之天子，乃称王也。

崔适以此下五篇，首称太初，谓为褚补，已辨于[①]《序论》。又谓迁述汉事，不自此始，而"臣迁"之称，突出于此，亦不成伪证。

非德不纯，形势弱也

赵恒曰："下文形势虽强，要当以仁义为本。仁义虽应上，而直贯后二《表》。《叙论》之义，惟仁义为本，故奉上法则为笃仁义而久存，于《功臣侯表》见之。当时以仁义成功而久存者，其惟长沙乎？《惠景侯者表》见之。"

尊卑明而万事各得其所矣

吴曰："此文以末二语为主，此非真颂美也。探其削弱诸侯之意，而为之词耳。班《序论》削弱太过，仍本此意为说。"

按：末二语，固是为当时进言之不可以削弱为已足，然尊卑之言，则非反词。当时自患太强，自当抑损。上文言诸侯稍微，未尝言削弱太甚，史公自不及见后来事，不可凿之使深。

---

① 于：沪本无此字。

益损之时

杨慎曰："汉初之疆，庶孽为益，后之抑削为损。"

以上二《表》，殿本皆别考定。王氏曰："《史记》稿本诸《表》，恐亦多所未定，特义例犁然耳。"

高祖功臣侯年表

林駉曰："《十二诸侯年表》以下，以地为主，故年经而国纬，所以观天下之大势也。《高祖功臣年表》以下，以时为主，故国经而年纬，所以观一时之得失也。"

按：此亦凿说也。《十二诸侯表》备列甲子，非纬格所能容，而国则无多，自当纬国而经年。《高祖功臣表》以下国多，非纬格不能容，而年则无多，固当国经而年纬。此自不得不然，非有用意也。

方氏曰："汉武以列侯莫求从军，从酎金失侯者百余人。迁不敢斥言其过，故微词以见义。言古之道，笃于仁义，以安勋旧。而今任法刻削，不同于古。帝王殊礼异务，各以自就其功绪，岂可混而一之乎？刺武帝用一切之法，而侵夺群下，而成其南诛北伐之功也。"

吴曰："笃仁义，奉上法，皆就为臣者言。意主讽上，词专举下。"

异哉所闻

方曰："异于古'河山带砺，爰及苗裔'之意也。"
吴曰："谓异于《春秋》、《尚书》千载之封也。"

功状中屡称吕泽为悼武王，知是吕后时陈平所定。

惠景间侯者表

梁曰："此表不曰'功臣'者，蒙前表省。《迁传》作'惠景间功臣'，非也。"

太史公读列封至便侯

董份曰："独以长沙发端，即贾生所谓'欲皆忠附，莫如若令如长沙王'也。"

吴曰："此说非是。长沙王子乃吕后挟私意封之，所谓无功而侯者也。史公为之回护，乃言遗泽耳。"

按：吴说非也。吕后意固私，然非高帝尝著令亦无因。《史》之称长沙，固不妨为正言也。

及孝惠迄孝景间五十载云云

赵恒曰："高祖遗功臣一也，从代来二，吴、楚之劳三，诸侯子弟四，肺腑五，外国归义六。便侯即在遗功臣内。"

方曰："仁义，谓追修遗功臣，及诸侯子弟、肺腑、外国归义封者；成功，谓从代来及吴、楚之劳封者。"

建元以来侯者年表

殿本《考证》齐召南[①]曰："《汉表》列长平、冠军于《外戚》、《恩泽》，甚失平。卫、霍之功，岂可以吕、窦、王、田例。《史记》叙功，不曰皇后弟、姊子，可谓公论。"

按：齐说非也。《班书》分立《外戚》、《恩泽》，外戚虽有功，亦入焉。窦婴、霍光亦在，不独长平、冠军也。《迁书》本不分外戚、恩泽，自当列于此。史公固不满二人者也，即班氏叙功，又曷尝曰皇后弟、姊子乎？

少孙之补有可资考证者。如书蔡义、韦贤以帝师为相，有讥刺意；著魏相潜[②]毁韦贤，可以补《汉书》之阙；记张章事，可见霍氏反谋，出于

---

① 齐召南（1703—1768）：清浙江天台（今属浙江台州）人，字次风，号息园。熟于三礼，尤长地理之学。对《史记》原文和注文多所匡正。有《史记功臣侯表考证》。对《史记》词语多有说解，《史记会注考证》即引齐召南关于"乘"的解说。其著作还有《历代帝王年表》、《水道提纲》。其文编为《宝纶堂文钞》八卷。

② 潜：疑当作"谮"。

影响；以阳平终，而曰"盛贵用"，"未闻知略"，盖亦有见而慨言之也。

建元以来王子侯年表

　　殿本《考证》齐召南曰："《汉书》直题曰'《王子侯表》'，起自高祖封羹颉，而《史记》截自建元，最有深意。盖武帝以前，即有王子封侯，出自特恩，非通例。至主父策行，则王无不侯，而诸侯盖弱矣。"

制诏御史

梁曰："此诏与《汉书》不同，岂班、马于诏词亦擅改之邪？"按：史家载文，自当删窜，乃通义也，何足为疑？

太史公曰段

宋陈仁子[①]曰："似颂似讽。"

汉兴以来将相大臣年表

　　梁曰："此惟缺前序。天汉以下，后人所续，非本表有未完也。"按：崔适以此篇至鸿嘉为伪，其所举证，止司徒一讹，不足证也。

　　王曰："大事记遂为后人所宗，将相御史则百官表所由昉也。"按：纪既题纲，本不须有大事表，此不过为大臣对照耳。

　　此篇有倒书者，不知何意，又不画一，似写误。

---

　　① 陈仁子：宋茶陵（今属湖南株洲）人，约南宋末（1279）前后在世，字同佣（一作同甫），号古迁。宋亡后不仕，营别墅于东山，市人呼为东山陈氏。著有《牧莱脞语》、《文选补遗》。此处引文见凌氏《史记评林·建元已来王子侯者年表第九》陈仁子批语："迁之言（盛哉，天子之德！一人有庆，天下赖之）似颂似讽。"

太史公书知意四

书

礼书

赵恒曰："论三代制礼大义，与秦汉之礼，其略已具于此论。于[①]秦则曰'悉纳六国礼，采择其善'；于高祖则曰'大抵皆袭秦'；故于文，则述其繁礼饰貌之言；于景，则言官者养交安禄，莫敢复议；于武，则载其制诏之词，虽能独断创始，然观其'近俗为制，因民而作'之语，则因秦旧亦多矣。此大略已具者也。所缺者，改正朔，封禅，易服色，度数、仪文之常。然改正朔、封禅，已详《封禅》与《历书》，而《封禅书》之论，又曰'有司存'，是其意又不欲因书而见也。今不知其缺不具者，果原无其书耶？或果出亡遗否也？"

按：赵论甚笃。仪文、度数，别有专书，非《史》所宜书，非《史》所能尽也。

《评林》引杨慎曰："自'礼由人起'，至'儒、墨之分'一段，《荀子·礼论》之文；自'治辨之极也'，至'刑措不用'一段，《议兵》文；自'天地者'，至'生之本也'至终，皆《礼论》之文。乃断'至矣哉'之上，加'太史公曰'，此小司马讥其率略芜陋，其为褚少孙补明矣。"

殿本《考证》张照曰："张晏所称褚先生补书，未及《礼书》。今考'太史公曰：洋洋美德乎'以下，至'垂之于后云'句，太史公《礼书》当如是止矣，以下则后人取《荀子》补之耳。不知礼意、礼制已备举数百言内，不必补也，末又横加'太史公曰'字作《礼书赞》，谬戾已甚。"

---

① 于：沪本无此字，疑脱漏。

按：此说极是。钱氏谓有"今上即位"之文，非褚生所补。梁氏亦知荀子乃后人补，而谓仅存一序，则误矣。

　　崔适以此篇为伪，曰："叙论专为太初改正朔、易服色发，非'麟止'前语，录《礼论》与汉事不相接。"

按：崔氏何以知专为太初发？后人补，何以专论太初耶？后加语，亦岂得为前文全伪之证耶？宋林駧谓载孙卿《礼论》而不载叔孙绵蕞者，以见野仪之失，古礼之得，则又凿说。明茅坤谓《礼》、《乐》书揣摩影响，反以褚少孙所割裂，加"太史公曰"以下为简古。尚镕且谓为思古伤今，是直不读《荀子》矣。

岂人力也哉
方曰："自秦以后，古礼所以终不可复者，以汉诸帝皆挟私意，苦其拘缚，而乐秦之汰侈，故首揭其义。曰'岂人力也哉'，见其出于天理之自然，而非圣人所以强世也。"按：此说亦是。但史公虽知礼缘情依理，异于《荀子》，而仍止以表尊荣为说，义犹狭也。

观三代损益云云
方曰："此言三代之礼具存，惜四君皆乐秦之故，而不能复耳。"

故德厚者位尊云云
方曰："非使肆于民上以为淫侈也。"按：此言贵贱，只以别分，非以尊君。末世专以尊君，则礼废，所以恶叔孙通。后言尊君抑臣，亦反射此意。

仲尼曰云云

　　方曰："僭礼者，于诸侯举鲁，秉礼之国也；于大夫举管仲，贤大夫也。鲁之僭礼多矣，而独举此者，禘虽典祀，而行之者怠慢，尚为圣人所不欲观，况以封禅为不死之术乎？正与篇末以封泰山为典法相发。《封禅书》引'或问禘之说'，其义盖亦如此。"

按：禘为事天事祖之大本，故首举之。《礼运》首仲尼之叹即此义，方氏未明。

而况中庸以下三句

方曰："不以礼防之，而以俗诱之，尚可禁民之淫佚乎？"

孔子曰必也正名云云

方曰："名以礼正，故拂时君之欲，而其徒守礼者，亦遂为世所摈。"

至秦有天下云云

方云："秦人以私意背天理，故不合圣人制礼之意，其尊君抑臣，即所谓不合圣制者，而仪法则依托于古，所称'朝廷济济'，以汉袭秦，故不敢斥言其非也。"

孝文即位云云

方曰："无躬化，礼不虚行；有躬化，而不行先王之礼，亦不能化民成俗。以孝文之德而如此，惜哉！"

孝景时至**事袁盎语中**

述此事者，明孝景以好刑名而不兴礼。盖以礼抑臣，不如竟以刑名为易效。晁错亦一叔孙也，此即荀卿流为韩非之故。方氏未知，此义不明，则此节为冗文矣。

或言古者太平云云

方曰："正与武帝时四海骚动，百姓愁怨，灾异数见相反。盖诸儒之私言也，故曰上闻。"

议者或称太古五句

方曰："恶复古而乐秦，情见乎词。"

乃以太初之元云云

方曰："礼乃止此乎？此足以宰制万物，役使群众乎？以是为典常，垂之于后，则古礼终不可复矣。"

乐书

茅坤谓史公采《乐记》以成文，赵恒、方氏则以后半《乐记》为后人所续。

张照曰："'太史公曰'下叙《虞书》，以至秦二世，见古乐之失传。自'高帝过沛'至'天马来'，志汉乐之梗概。后载汲黯正直之言，公孙弘诡谀之语以结之，以明汉乐所以不兴。马迁之时，所应作之《乐书》如是止矣。然则《乐书》未尝不竟也，后人复将《乐记》写入，又取晋平公事附益之，而迁之意晦矣。"

梁氏曰："《乐书》全缺，此乃后人所补。序言'仲尼作五章'，不知所指。李斯议焚书，安能谏二世放弃《诗》、《书》？《大风歌》有三首，而无'三侯'，其曰'今上作十九章'，《汉志》：武帝时作《安世房中歌》十七章，《郊祀歌》十九章。以为《房中》欤？不可言十九，以为《郊祀》欤？则十九章并太始三年《赤蛟歌》数之，又非史公所及睹。史公作《史》时，尚未定十九章之名，且同为《郊祀歌》，何以止载《四时》、《太一》、《天马》六章？而《太一歌》不但字有增减，并删去四句，《天马歌》全与《汉志》别，俱不可晓。其曰中尉汲黯讥《马歌》，丞相公孙弘谓黯诽谤。考马生渥洼水，作歌在元鼎四年，《礼乐志》误以为元狩三年。因元狩二年夏，得马余吾水中，遂移属渥洼耳。获宛马作歌在太初四年春，而公孙弘卒于元狩二年三月，不但渥洼、大宛事不及见，即余吾马亦不及见。黯未尝为中尉。得渥洼马时，黯在淮阳，得大宛马时，黯①卒已十二年。《困学纪闻》、《通鉴答问》②谓《乐书》后人所续，厚诬古人，岂有迁在当时而乖舛如此？至中段，既直写《乐记》濮水闻琴节，又挽用《韩子·十过篇》，尤为冗滥。"

又，崔适、吴汝纶俱以此篇为伪，亦据弘、黯之不及见宛马。

按：梁氏所疑仲尼五章不可考，不足疑。李斯之主焚书，乃以愚民，非谓君臣皆不说学，谏语不足怪。惟后半载武帝诗及黯、弘语之舛谬，则证据确凿。然前半实词旨深美、颇不易作，即非迁书，亦良史也。吾疑此篇原文，当至"世多有，故不论"句止。"十九"之"九"字，当是误文。

---

① 黯：沪本无此字，疑脱漏。

② 《通鉴答问》：宋王应麟撰。此书乃《玉海》之末附刊十三种之一，始自周威烈王，终于汉元帝，似属未成之本。

自"又尝得马"① 以下，乃后人续记耳。若采《乐记》，搀《韩子》，则赵、张、方氏皆知其非原文，更不得因之而概斥首段为伪。董份及方、张、王诸人，皆重视末公孙弘斥汲黯语，说为讥刺，方氏且谓与首段"股肱不良"相应，则失之不考。至尚镕竟以所录《乐记》为规讽，终以平公听乐致灾刺武帝，更疏矣。

余每读《虞书》云云

首以恐惧为说，即后主节之议，乃针对武帝之流湎。方氏谓"股股不良"为末引公孙弘发，则不考末之非原文也。

君子不为云云

此下论乐虽主盈，而要当以反济之义。当时阿谀之臣，盖皆以治定功成谄武帝，无以恐惧持盈之义进者，故史公讽刺之。

所以节乐

董曰："以减损为乐，此有传授之言。"按：太史公言乐专取"主减"一义，即《乐记》"盈而反，以反为文"之义。盖武帝之为乐，不患不盈，但患不反。

自仲尼不能与齐优

赵曰："此段重看，惟'孔道不行，是以古乐不兴'，与《礼书》'必也正名'一条意同。盖孔子为礼乐之主也。此论非子长不能为。"按：此即史公尊孔考《六艺》处。

赵高曰云云

高言"以和悦为尚"，是知乐主盈而不知反也。其言一世之化，是后来偷懒自为者之常谈。武帝之造新声，正是赵高之意。

高祖过沛云云

方曰："首载《三侯之章》，次及惠、文、景，于乐无增，更次及武帝所作十九章、《四时之歌》，而明著其指，曰'世多有，故不论'，则汉之乐，更无可言者矣。或乃疑其辞事未终，而以古乐语续之，谬矣！"

---

① 又尝得马：《史记》中华书局标点本作"又常得神马"。

律书

《汉书音义》云："《律书》缺，无书。"又张晏数亡篇，有《兵书》。

司马贞言："今《律书》即《兵书》，褚少孙以《律书》补之，分历述以次之。"

杨慎曰："按《自序》，《律书》即《兵书》，非亡而未补也。历之气实应乎律，非分历数以次之。兵与律相因，先儒谓史公论文帝寝兵息民，天下和乐，为得论律本意。余以为此书虽颇残缺而补缀之，非全失，而全出褚少孙手也。"

柯维骐曰："此《律书》也，何以兼言兵？按《周官》'执同律以听军声，诏吉凶'，兵之资乎律，尚矣。史迁虽兼言兵，而所重在律。宋儒陈永嘉谓其知制律之意，盖指其言兵也。"

蔡西山[1]谓："自太史公之后，无识其意者。朱子亦谓大史之法可推，盖指其言律也，其非《兵书》，与褚先生所补明矣。"

赵恒曰："律为万事根本，而兵戎尤重，所以略述律而言兵。兵与律应，《易》所谓'师出以律'也。以律，则为黄帝、颛顼、成汤；不以律，则为桀、纣，故兵不可废，而不可黩[2]，归于偃兵息民，而天下和乐，礼乐乃兴。高祖偃武，孝文不议军，然礼乐之事，谦让未成。至武帝，则穷兵黩武，何足与于制作之盛哉？论中虽不言，而意可知。其略述律而言兵，以息民天下和为制律之本，可见后世屑屑于黍生尺量求音者浅矣。此论非子长不能到。谓疏略与妄逸者，均妄也。"

方说略同柯、赵。

按：言亡逸者，赵翼《廿二史劄记》曰："此[3]篇最无头绪，盖少孙补作时，见迁《序目》言兵，故以兵、律相关为言。其正文则以《律书》为名，遂专取律吕以释之。"崔适曰："此后人取《汉书·律志》补之，

---

① 蔡西山：即蔡元定（1135—1198），南宋建宁府建阳县（今属福建）人。字季通，学者称西山先生，朱熹理学的主要创建者之一，著有《律吕新书》《西山公集》等。

② 黩：沪本作"续"，恐误。

③ 此：沪本作"论"。

《叙论》武王伐纣、吹律听声等语，乃补窜者用为伪托《兵书》之[①]据。不知《兵书》当言卒乘之制，此仍见其不类也。"言疏略者，王若虚曰："多叙兵事，何关于律？若果兵书，安用许多律吕事？"梁曰："律为兵家所重，故史公序律先言兵。昔贤谓《律书》即《兵书》是已。然言用兵之事几七百言，未免于律意太远。且止述历代用兵之事，而不详其制，又不及汉景、武，毋乃疏乎？"今按小司马言分历述以次之者，谓既取《律书》为《兵书》，乃分其余言历者为下篇《历书》。杨氏未明其意，其以为褚补，固是臆断，而谓是本名《兵书》，补以《律书》，则证之《自序》，与张晏之言颇似可信。今文固甚可疑，律与兵究是二事，安可牵合。若谓相关，则兵家亦用阴阳，可合于《历书》；军亦贵礼，又可合于《礼书》。柯氏谓《史》虽言兵，而所重在律，然今文则似所重在兵，正如王、梁所言。且《自序》亦止言兵，与柯说相反。杨、柯、赵之说，固未能胜王、梁也。顾此补者何不直采兵家书以补《兵书》，而乃以《律书》补之，使与《自序》不相应。又迁说以牵合兵、律，自留破绽，此似不近情理。《索隐》之说，殆亦未可遽信。若黄淳耀谓后半叙律，其文简质变化，非褚先生所能办，此又不然。补者本取古书，古书固简质耳。

张文虎《舒艺室随笔》曰："歙金氏辅之云：'孟坚《刑法志》，实本子长《律书》之旨。古者"师出以律"，故名《律书》，盖即《兵书》也。褚少孙妄作，辄以《律书》补之，附会《周官》"执同律以听军声"之说，与子长作书本旨刺谬殊甚。'按：金说是也。自《汉书》以律、历同志，后代之史多效之，皆以为本于孟坚，不知孟坚实本子长。其自序《历书》，云：'律居阴而治阳，历居阳而治阴，律历更相治，间不容翲忽。'据此知今本《律书》十二律名义及律数分寸，史公原文必在《历书》。其篇首'王者制事立法，物度轨则，壹禀于六律，六律为万事根本'。此四句当为《历书》起首之文，正孟坚《律历志》所本。其下'书曰七政二十八舍'云云，至终编，皆《历书》之文。中间'兵者，圣人所以讨强暴'以下，至'孔子所称有德君子邪'，则《律书》本文。盖史公此篇，明圣人不得已而用兵之故，

---

① 之：沪本"之"后多一"义"字。

以为穷兵黩武，民不聊生，及将兵失律者讽，故不曰《兵书》而曰《律书》。续貂者不知其意，徒见《律书》残缺，辄割裂《历书》之半以足之。又自觉其不可通，乃妄撰‘其于兵械尤所重’以下，至‘何足怪哉’，凡六十字以联络之，谬矣。史公《自序》总论八书，别兵权于律历之外。小司马云：‘兵权，即《律书》也。迁没之后，亡，褚少孙以《律书》补之。’又似八书外，别有《律书》者，由不悟律历同篇，而法律、乐律字同义异也。”

按：此说最精。即本《索隐》而推明之。杨氏所不及，王、梁之疑，可以解矣。盖张晏，魏人，其言《兵书》必不谬。《序目》于此篇止言兵，无一字及律。于下篇则兼言律历，甚显白。今此篇反言律，下篇反不言律，其为改窜何疑？或曰如张氏说，言兵一段，是史公原文，则此书固未亡，张晏何为言其亡？后人何为移补？曰：晏所谓亡者，今本固多存，无伪迹。此言兵一段，综叙大略，与《礼》、《乐》书同，断是太史公笔。此综叙法，依东汉以后史志填写制度之例观之，则似止一序。彼以为亡者，即以为序存而正文亡耳。《礼》、《乐》书之补以《荀子·乐记》，亦此见也。三篇正同一例，皆魏、晋人不知史法，误以《史公书》为未足而增之。《礼》、《乐》二书有记可用。此书言兵，无成文可用，又见其名为律，故分下篇言律者入此，而妄加数语以牵合之耳。

武王伐纣，证兵律相应，下乃特言兵。

诛伐不可偃于天
先作扬语，非正义，下接桀纣穷兵之害，乃正义也。

太史公曰段
复赞文帝，郑重言之。

书曰
柯曰：“太史公既论文帝时天下和乐，礼乐可兴，故继以律吕之说。云‘书曰’者，乃太史公自言其律之书，犹下文云‘术曰’之类。或谓引《尚书》，非也。”按：柯氏所说论文帝而继此，虽伤于凿，而以“书曰”为目下文，则确。

历书

梁曰："《历书》缺，惟存《前叙》。然篇首'昔自在古'至'难成矣'百余字，乃《大戴·诰志篇》，而倒乱先后，改易字句，不可解。"按：八书本无序，后世名之耳。其术别有专书，史公故不著也，安得认正文为序哉？删取《戴记》，史公常事，倒乱或出传写，不足为疑。崔适更以与《五帝本纪》矛盾及讹误处为伪之证，尤非。已辨于《序论》。

昔自在古至顺承厥意

此段明历之大义，宗夏时也。

民是以能有信云云

引《国语》者，太史公职在天官、历算，与神仕相联，故著神事之古谊。王氏曰："天官，史公家学，文与《禹贡》、《周官》伯仲。"

历术甲子篇

张照及梁氏断此为后人所附，是也。

天官书

梁谓似缺前序，非也。八书皆无所谓序，梁皆误认。崔适以此篇及下篇为伪，已辨于《序论》。

封禅书

宋人多谓史公以古郊祀礼与方士怪妄之说并载为非，此不知史述源流，而以邪正绳之也。

自古受命帝王，曷尝不封禅

方曰："但不以为合不死之名，接仙人蓬莱之术耳。"

盖有无其应至是以即事用希

杨慎曰："此一篇之纲要也。曰'无其应而用事'，后所论秦始皇，曰'岂所谓无其德用其事者邪'，应此。曰'虽受命而功不至'，谓未有天下而政不及泰山，所谓文王受命，政不及泰山应此。曰'至梁父矣而德不洽'，至梁父，谓已有天下，而政及泰山，所谓武王克殷，天下未宁而崩，'周德之洽，惟成王'亦应此。以汉高比成王，则德犹未洽也。曰'洽矣而日有不暇给'，意谓汉文也。'睹符瑞而臻功'至'德洽而暇给'，意虽属武帝，而辞有憾焉。"

伊陟曰：妖不胜德至**桑谷死**

方曰："有德则妖异不为灾，与宝鼎、一角兽反对。接'郊祀乃鬼神之义'，故著灾祥。"

巫咸之兴自此始

巫祝、郊祀之义一也，故著之。

由是观之二句

方曰："始祗肃，舜、禹之典祀，大戊、武丁之修德是也。后稍息慢，孔甲之好神，武乙之慢神是也。正与高、文重祠敬祀，武帝好仙渎神相对。其余汤武之封禅，皆肃祗之类；秦先公、始皇之淫祀，皆息慢之类。"

于是作鄜畤

方曰："郊畤之兴，妖妄之说，皆自秦始。"

黄淳耀曰："屡用'或曰'字，'盖'字，'焉'字，'若云'字，皆疑辞。"按：此说是"云者"，彼言如此也。

而后世皆曰秦缪公上天

方曰："黄帝鼎湖，亦犹秦缪上天之妄，故于后特书缪公立三十九年而卒。"

管仲曰段

著管子语，见古者固有封禅，而黍禾茅籍，乃管子设词，非实，后世信之为误也。方曰："管子能止君之妄，与汉公卿不能辨明相反对。"

而孔子曰段

以孔子语断明郊禘之说，即封禅也，此乃全篇要义。举其本义，以明方士之非。《班书》改名《郊祀志》，亦沿此义。封禅乃古者升中告代之礼，罗泌《路史》及近儒阮元[①]、孙星衍[②]论之甚详。冯班谓"封禅古礼，儒者讳言之，以为失德之举"是也。史公之父，以不及与封禅为恨，彼固以是为大典也。史公非不信有封禅一事，特不足于武帝之求仙耳。方氏以引经为明古无封禅，梁氏则谓牵引郊社为黩经，引孔子为嫁名，由不知封禅之本末也。《管子》言致瑞而后可封禅，即有事天事祖之德，而后知禘之说，此即"无其应而用事"之正面。季氏旅泰山，以下僭上，无其德与位，而用事也。方氏又谓孔子论述不及封禅，则传言七十二王，亦无稽之谈，可知孔子欲斥为妄，则传有是言，而实为典祀所不载，是以难言之而置弗论，非谓其仪旷不举，而俎豆之礼难言，是误解此段之说也。

周人之言方怪者自苌弘

自首至此为一段，明古灾祥，举《尚书》、周公、孔子语以明正义。

周之九鼎入于秦至泗水彭城下

方曰："书此，著鼎出汾阴，乃附会之妄。"

征齐鲁儒生

郊礼义亡，儒者不知，故方士得以乘之，故书此及武帝用赵王征群儒以见意。

八神

历举之，见与古异，古郊祀礼具存《六经》，故不载。

---

① 阮元（1764—1849）：清江苏仪征人，字伯元，号芸台、雷塘庵主，晚号怡性老人。《小沧浪笔谈·封泰山论》讨论封禅："秦始皇、汉武帝之求长生，光武帝之用谶纬……皆以邪道坏古礼，不足为封禅咎。"编《经籍纂诂》，立诂经精舍，刊《诂经精舍文集》、《十三经校勘记》、《十三经注疏》、《学海堂丛刻》；编《四库未收书目提要》；撰《畴人传》，为中国历代天文历算家之专门史。所修志书有《浙江通志》、《广东通志》、《云南通志》、《扬州图经》等。文集为《揅经室集》。

② 孙星衍（1753—1818）：清阳湖（今属江苏武进）人，后迁居金陵，字渊如，号伯渊，别署芳茂山人、微隐。辑刊《平津馆丛书》、《岱南阁丛书》。著有《周易集解》、《寰宇访碑录》、《孙氏家藏书目录内外篇》、《芳茂山人诗录》等。有《封禅论》，探讨何谓"封禅"，并概述历史上之封禅事。其《汉官六种》又对"元封封禅"有考订。

自齐威宣之时至不可胜数也

此明方士起于燕齐，非古所有。与巫咸之巫，孔子所言之禘，《尚书》、《周官》之巡狩、郊祀异。

始皇封禅之后十二岁秦亡

方曰："大书之，与孔甲好神，三代而亡；武丁慢神，二世而亡相应。"

自今祝致敬毋有所祈

方曰："与封禅合不死药反对。"

使博士诸生刺《六经》中作王制

方曰："书此为后群儒采《尚书》、《周官》、《王制》望祀射牛事，为封禅礼仪张本。"

群儒既已不能辨明封禅事二句

方曰："'不能辨'，其非接仙求不死术也，'不能骋'，见《诗》、《书》古文无封禅，不敢如方士之骋其诬妄也。"

太史公曰一段

杨曰："'表'者，其外之仪文也；'里'者，其内之德也。"方曰："汉武封禅，以为招来神仙，致不死之术，而假儒术以文之，故曰'具见其表里'。以儒术文之，用自托于古帝王之功，至德洽者，'表'也；而妄意于上封，则不死者，'里'也。'究观方士祠官之意'，言推究其意，专以逢君，而不主于敬神也。"

按："表"、"里"二字，杨说是。此文本云"自古以来"，非专指秦始、汉武。

章实斋《方志立三书议》曰："马迁八书，皆综核典章，发明大旨者也。其曰'笾豆之事，则有司存'①，此史部书志之通例也。马迁

---

① 笾豆之事则有司存：《史记》中华书局标点本作："若至俎豆珪币之详，献酬之礼，则有司存。"

所指为有司者，如叔孙朝仪、韩信军法、萧何律令，各有官守而存其掌故，史氏不能一概而收耳。"

河渠书

崔适以此篇为伪，直言录《汉书》，而绝无一证。

吴曰："以河为经，以诸渠为纬，故曰《河渠书》。"

平准书

林駉曰："《平准》一书，固述历代也，正以讥当时征利之非。"茅坤曰："穷兵黩武，酷吏兴作，败俗偾事，坏法乱纪，皆与兴利相为参伍，相为根柢，故错综纵横，摹写曲尽。"按：此篇名"平准"，本以武帝时事为主，故汉前事不详，林说非也，茅说甚明。利重则义轻，吏道杂，酷刑生，不仅害货而已也，故文中多推论及此，牵引淮南、衡山之狱，公孙弘布被之事，皆此意。

统观全篇，史公未尝非卜式自输财固其忠，武帝苦费而牟利，弘羊、孔仅等之搜括于民，非式启之也。天下不乐输县官，乃教之不善，如式者少也，而括取之，则病民矣。史公既引式言以著盐铁租船之害，又引式言以著弘羊之罪，未有非之之意。后儒争詈之，何哉？

黄震、杨慎、董份、茅坤皆以末"烹弘羊"一言为意所在，顾炎武亦以为不待论断，而于序事中即见其指。

杨氏又曰："先叙汉事，而赞语乃述自古以来，而微寓词于武帝叙事之变体也。"

柯氏曰："史公此赞乃《平准》之发端耳。上述三代贡赋之常，中列管仲、李克富强之术，下及嬴秦虚耗之弊，然后次及汉事，文理相续。所叙武帝事未竟而迁死，其书未成，故就其文止于'烹弘羊，天乃雨'，后人截其首一段，移为书末之赞耳。或谓迁用'烹弘羊'结，以断武帝之罪，殊非本旨。"

姚氏鼐曰："柯说最当。唯云其文止于'烹弘羊，天乃雨'为叙事未竟而迁死，则非是。史公此书以'平准书'为题，叙到此年，置平准，则事竟矣。载卜式之言，以论平准之失，义亦尽矣，无可复益为长语矣。此书止于元封元年，较封禅过十年，以据《任安书》‘少卿抱不测’之语推之，是征和四年，史公尚在，见任安之及祸，又过封禅十年，岂因其死有未竟哉？若太初二年，籍吏民，补车骑马，太始二年铸裹蹄麟趾之类，此在《汉书·食货志》，似当续入，乃为前后相备。而班氏于元封元年之下，遂入昭帝事，则疏漏耳。”

方东树[1]曰：“望溪曰：七书皆依世次顺叙，以其事历代之所同也。平准乃武帝一时之法，故以上古及秦事缀于书后，体当然也。‘竭天下之资财以奉其上，而犹不足’，秦汉所同，举秦事而汉不必言矣。”

王氏曰：“顾说正足与方说相发，独柯说异论。姚氏取之，考据尤精。顾以论文，则方、顾较得之。史公八书，大同小异，七书皆列古事于前，而亦各不同。如《律书》独先后两‘太史公曰’者，先论其事，后载其术也。《历书》叙不多，其前古事载‘太史公曰’下。《天官书》起首即叙星垣，亦将前事载‘太史公曰’下。常疑《历书》、《天官书》‘太史公曰’字皆马迁旧文，以历与天官其家学。‘太史公曰’云云[2]，迁父谈之言也。”

吴汝纶亦不从柯、姚说，谓此起句正以无端而来为贵，赞以秦弊终之，为此句申解，亦自相首尾。

按：顾说与方不同，然按文，实当如柯、姚说。后之物盛则衰，即前之物盛即衰也，秦弊未说，何可遂言承秦之弊哉？秦钱重难用，究何重也？凡此皆当如柯说。王、吴徒知以文论，然[3]“尝竭天下”数语，岂必在后而后可，其说似深实浅。论断在前固不妨，先断激射后，与后论激射前，亦何异哉？即为武帝一时法，叙古事以发端，亦何不可？吴说尤幻不可信。按：首“秦钱重”下，《集解》不说秦半两钱，《索隐》乃说之。盖秦钱半两，末段已著之，《集解》本犹未倒，故不待说。《索隐》本则已如

---

① 方东树（1772—1851）：清安徽桐城人，字植之，别号副墨子，以“仪卫”名轩，自号“仪卫”老人，故后世学者称仪卫先生。著有《汉学商兑》、《匡民正俗对》、《病榻罪言》、《仪卫轩文集》、《昭昧詹言》、《老子章义》、《阴符经解》等。《昭昧詹言》卷一通论五古：“传曰：诗人感而有思思……若太史公《史记年月表序》尤妙。”

② 云云：沪本作“云”，少一“云”字。

③ 然：沪本无此字。

今本矣，此柯说之显证。梁氏仍主方说，未细审也。

崔适曰："此录《汉书·食货志》，而任意割裂也。《志》上篇曰'汉兴，接秦之弊'，上承'始皇并天下，内兴功作，外攘夷狄'而言。此无上文，则'接秦之弊'，何弊乎？又云'自天子，不能具钧驷，将相或乘牛车'，上承'民亡盖藏'，下启'约法轻租'而言。其下篇曰：'以为秦，秦①钱重难用，更令民铸荚钱'，上承'秦钱半两'而言。此书于'将相乘牛车，齐民亡盖藏'下突接云'于是为秦钱重难用'，语无伦次至此。又曰首言'汉兴，接秦之弊'。上无所承，不似起语，岂非《书》截《志》之上文乎？末卜式曰'烹弘羊，天乃雨'，下无所接，不成收语，且突然而止，直似弘羊果烹，而天果雨者。《汉书》下云'武帝拜弘羊为御史大夫'，明言卜式言之不用，而超迁②弘羊也，岂非《书》截《志》之下文乎？"

按：末段移前，而无所承之疑解矣，末段固在，何云截去上文？《汉书》之文整齐，以相比较，似此反杂乱。然史公之文，固不整齐，而货币关系民生，综言亦③何不可？至于末语，文意自完，弘羊为御史大夫，乃在太始二年，故《班书》于"天乃雨"下有"久之"二字。太始事自史公所不及见，亦岂武帝不听卜式而遂超迁之耶？论断已在前文，此处又不容显加论断，故止此。崔氏云"不似收语"，岂必如后人之文，终以语词，乃为收语乎？

---

① 秦秦：多一"秦"字，作两句读。此段引文多与《史记》中华书局 1959 年本不同，盖概取其意而已。
② 迁：沪本作"选"。而下文"亦岂武帝不听卜式而遂超迁之耶"又作"超迁"。
③ 亦：沪本作"也"。

太史公书知意五

世　家

吴太伯世家

杨慎曰："《尚书》首《尧典》、《舜典》；《春秋》首隐公；世家首《太伯》；列传首《伯夷》，贵让也。"按：此说非，说详《伯夷列传》及《自序》。

《史公书》本未尽磋磨之功，班叔皮所谓"刊落未尽，不齐一"者也，世家尤多罅①漏。此篇疏误，梁氏已详。惟吴别封虞一事，乃史公考得，故既叙而复总计之，赞复言之。赞亦姑作数语，无深义，归方圈点，皆多事耳。

> 梁氏曰："世家于列国事，有附书在当年者，有追书往年者，挂一漏万，殊无义例，岂皆本旧史耶？"王氏曰："此于共和五霸及列国时事独不具者，吴未通上国以前，列邦皆不赴告。史公著诸世家，其于各旧史完缺不一，要皆各有所据而为之。"

按：《史公书》惟《秦本纪》据旧史有据，至诸世家，惟有《左传》、《国语》、《国策》事实，及谱系年代，间采杂说耳，何尝据旧史耶？挂漏乃史公常事，不必凿也。王若虚竟以世家中记他国事为徒乱其文，无关义理，则悍矣。又如录季札观乐入此篇，《洪范》入《微子世家》，亦皆不必求其义。

昔有过氏段

王曰："不载《夏本纪》，而载《吴世家》，要不可解。史公不过袭之《左氏》云尔，恐亦无他见也。"按：此即所谓"刊落不尽，尚有盈辞"

---

① 罅：沪本作"缺"。

者也。

黄淳耀曰:"《齐世家》载管、晏事,《吴世家》载子胥事,《越世家》载范蠡事,《郑世家》载子产事,盖皆掇其大者。而管、晏、子胥另立传,范蠡又入《货殖传》,子产又入《循吏传》,太史公之惓惓于五子至矣,独不为季札地乎?岂以其让国大节已见《吴世家》中,欲别立传,无可称述乎?愚谓管、晏事功既详见《齐世家》,而本传止摘其一二逸事,如札让国之外,岂无可论者,即观乐事已足别立一传矣。札为圣人所许,乃不得与管、晏比,太史公于此,恐失大书特书之义也。"

按:此说亦似是而非。范蠡事附书《越世家》,正与季札事附书《吴世家》同,非掇其大。《货殖》之述蠡,仅备源流,非为立传。《循吏》之①子产,乃偶采杂说,亦非重为子产作传。管、晏为齐人所盛称,春秋士大夫为战国时著书所托者惟二子,故必专论之。季子观乐之外,盖无可称,观今所存古传记,亦绝少道季子事者,《史》本不以立传与否为褒贬也。

齐太公世家

史公兼取杂说,如此篇书阴谋倾商,就国报政,皆未详考,所谓"刊落不尽"者也。凡诸杂说出于何书,今犹多可考见。古文家圈点,以为史公之妙,考据家纠驳,以为史公之失,史公皆不任也。"整齐百家"乃是其志,然力有未逮,见有未周。以今所传古书观之,所采仅十之三四,而十之五六非皆不雅驯也。若以所去取为信否之断,则误矣。此篇景公坐柏寝,混三事为一事。且晏子之谏多矣,何独取此,亦显系钞《左传》而误参杂说。凡世家中叙事讹舛,皆随手排比之误,其排比《左传》,显有痕迹。顾氏谓其与《左传》不同者,当以《传》为正是也。吴汝纶《评》首载猎渭阳事,谓此等俗说,《史》皆载之,所以博其趣。夫史公志在"厥协异传",正当刊正谬妄,何反博其趣耶?

———————————

① 之:沪本"之"字后有"述"字。

与太公作此《泰誓》

董份曰："此字不知何意？"冯班曰："《尚书》不言太公，惟此《泰誓》有之，与《诗》相应。"按：此说足见"考信《六艺》"之旨，然"此"字则非此意，自是衍文耳。

凡世家书共和，及晋、楚、秦诸大事霸迹，孔子生卒，则皆有意。程一枝谓秦继周而王，其始为诸侯，列国世家谨书之。孔子继周公而圣，其相鲁而卒，列国世家亦谨书之，皆以系天下之大。

黄淳耀曰："诸世家于王室始乱、伯王代兴，皆谨书之。如厉之奔，宣之立，幽之弑，周东徙洛，秦始列为诸侯，桓、文、宋襄、楚庄之立、卒，与申生之杀，及敌国相灭，各国弑君，皆三致意焉。而于孔子之生卒，及相鲁尤详。至书鲁隐公初立者，以为作《春秋》地也。"

王氏曰："'是时周室微'一段，尤诸世家中一大关键。共和行政，宣王中兴，及周之东迁，五伯时事，诸世家中率具载之，独尤备于此卷中者，盖以齐为霸国首也。晋、宋、秦、楚迭霸事备书，亦此意。其他世家所载，亦有多者，则过而存之耳。"

鲁周公世家

王氏曰："此篇载列国事，具见体要，则《春秋》具在耳。"

管蔡武庚等云云

此节与经不合，乃师说不同，又采杂说搀入，遂使前后情事歧误。

《毋逸》称云云

王氏曰："载《无逸》语，虽与季札观乐有别，顾于体制亦稍重腼。"按：首数语，亦史公约说，其删存先王事年一节者，盖取与本纪互考也。然当分取入诸纪，此殆史公钞撮而未复勘之故。至载《无逸》大旨，乃明周公之功。王概谓"重腼"，未细揣也。

作《肸誓》云云

王曰："此段载《尚书》语，往往气息不贯，时代相绝使然，虽史公不能强。"按：史公钞撮经语多疏漏，以训诂字代，又未归一律，此乃"不及整齐"之故，非时代相绝。

大（太）史公曰段

冯班曰："鲁有《春秋》，故所论止此。"

燕召公世家

茅曰："燕僻处，不与中国会盟，境内贤人君子，通于上国者少，故所书不数事。"

王曰："止子之、昭王落落数事耳，乐毅、荆轲皆自有传，世家特括为数言，亦体然也。乃独简洁，略无闲字剩句，于列国事所载稍繁，有过而存之者。顾于秦事尤多，则灭燕者秦也。"

按：茅说是，王评末语则非。六国皆秦所灭，何此独多秦事乎？世家本不整密，凿求反误。

周公乃称云云

吴曰："独举此者，此篇以用人为主，吥用子之而乱，昭王用乐毅而兴，与此相发也。"按：此说亦凿。以人而乱而兴，何国不然？吾意，此乃史公因数人事不传，是书未录，故于此存其名耳。

苏秦之在燕云云

王曰："此世家中特详子之事，重提秦、代，见子之之祸，乃秦、代为之也。"按：子之事固当详，无所谓"特"。秦、代事，本当如是叙，亦无所谓"提"也。

管蔡世家

《曹世家》不列卷数，司马贞谓曹小事少，不别题。又管是曹兄，程氏、梁氏谓管既无世，当以"蔡曹"标名。王氏亦谓标题及卷次前，未必悉为史公之旧。此皆拘论也。此篇承太公、周、召之后，收拾文王诸子，下则列三恪及卫，次第甚明白。若当别出，则宜在卫前，不当在此。曹国非重，岂宜独夹于三公、三恪之间哉？且此篇虽题"管蔡"，实总叙文、昭，曹亦文、昭，故叙于此。犹《万石张叔列传》，实不止石、张二人，《陈丞相世家》中杂王陵，《张丞相世家》后叙周、赵、任、申、屠。史公篇题，本不取该备也，世家二家本不当泥，说详《史体论》。王氏之说，则其疑序传之妄见也。篇中"曹世家"三字，梁谓小司马所加，是也。若谓管蔡后已有论，当别为篇，则史公本无以论终篇之例，后人自名之曰论，而提行耳。

　　恽敬《大云山房文集》[1]谓："同母兄弟之数，不宜书于《周本纪》，而《鲁世家》宜书，太史公不书，其惧伤周公之心欤？然必书于《管蔡世家》者，所以见圣人之不幸也。管叔无后，不得有世家，而曰《管蔡世家》，使管叔有后，必如蔡仲之封。"

按：此说甚曲，求之过深耳。此自因鲁、卫已别立，此篇尽收文、昭，故录总数于此耳。

王曰："按《曹世家》只僖负羁、公孙彊两事耳，相映成文，国有与立，于斯可见。观于论赞，史公之意，亦显然矣。"按：此说亦非，本有此事，岂故为相映乎？桐城家议论，往往以事之自然为文之妙。

记列国事，不似诸篇之备，略以点缀时事耳。《曹世家》书鲁隐公立，冯班曰："记《春秋》之始也。"

陈杞世家

王氏谓舜之后段，较《管蔡世家》末尤有光焰，此吾所不解也。

故弗采著于传上

观此语，知世家亦传之变耳。纪传法经传，固不容又增一为三体也，

---

① 恽敬《大云山房文集》：恽敬（1757—1817），清阳湖（今属江苏常州）人，字子居，号简堂，以古文著名，阳湖文派创始人之一。著有《大云山房文稿》，初集四卷、二集四卷、《言事》二卷，皆作者自编；补编一卷，其孙恽念编。中有《读管蔡世家》。其他读《史记》论文还有《读五帝本纪》、《读鲁仲连邹阳列传》、《读张耳陈馀列传》、《读货殖列传》。其《三国志书后》谓："《春秋》之义，微而显，志而晦，《史记》盖得其意凡十之六七，《汉书》得四五，《三国志》得一二，自《晋书》以下夐夐乎几无有焉。"同时代张维屏谓恽敬学问出于《史记》："诸家为古文，多从唐宋八家入，惟魏叔子、恽子居从周秦诸子入，而得力于《史记》。"

说详《史体论》。

卫康叔世家

三恪当相接，此独间其中，盖卫居殷墟，承武庚也。

公孙鞅入秦

凌稚隆曰："特书，以卫之亡在鞅也。"

宋微子世家

王鏊曰："微、箕迹异而心同，宜牵连书。"

黄淳耀曰："作《微子》而箕子、比干附见焉，不几重微子而轻箕、比乎？箕子国于朝鲜，比干绝无后，故二子不得别立世家。使为箕、比立传，则与微子不类。设以箕、比之故，降微子而同传，则微子为宋祖，又无可降之理，故牵连书之。"

按：黄辨实多事。本是《宋世家》，非为微子一人，箕、比不传国，安得立世家乎？

太史公曰段

黄震谓："史讥宣公、多襄公为非，梁氏谓褒宋襄乃《公羊》家谬说，史公择而不精。"按：《史》非果褒襄公，正文明言"君子或以为乃伤礼义之阙"[①] 耳，此篇于宣公、襄公两事，皆正文据《左氏》，而论语本《公羊》，盖一以存事，一用其义。

晋世家

梁氏曰："史公作世家，篇题必书始祖，合二为一，则书国，乃晋、楚、郑、赵、魏、韩六国皆不书始祖，此亦《史》例之可议者。

---

① 君子或以为乃伤礼义之阙：《史记》中华书局标点本作："而君子或以为多，伤中国阙礼义，褒之也。"与此处文字不同。

《诗》作于改晋之后，犹谓《唐风》，此当书《唐叔世家》。"

按：此殆以但书唐叔，则不见晋，故变例耳。
方曰："此篇通以世数、年纪为章。"

重耳出亡凡十九岁
方曰："文公少而得士，纪年；其出也，纪年；入而得位，纪年。因以为章法。"

孔子读史记云云
特举此，见霸之异也。

悼公问治国于师旷云云
凌稚隆曰："春秋急功利，谈仁义者寥寥，故特纪之。"

楚世家

梁曰："当书《楚熊绎世家》。蛮夷不书爵，无谥与字，故书名。《越句践世家》，其例也。"按：此说是，但史公原不拘此。句践乃始大之君，熊绎非始大之君，亦不尽同。

郑桓公初封于郑，又晋始乱
书此，以二国与楚多事也。令尹子文事不书，疏也。

析父对曰云云
述此语，以与首段相参也，故析招诗亦不载。

周显王致文武胙于秦惠王
王鏊曰："致胙于诸侯，史公特书之，著周之弱也。"
王拯曰："此当书《周纪》或《秦纪》耳。《楚世家》书之，与诸世家同，无当于义法。《周纪》特书秦惠称王，《秦纪》则书天子致胙，义法之正者也。"

楚使柱国昭阳至引兵而去
此喻何必详书，史公取《国策》多未淘汰，所谓"刊落不尽"。

幽王悍立

王曰："或曰：'幽王即李园女弟所出，李曾幸于黄歇，而进之于考烈王者，楚祀绝矣。上著秦王赵政立，下著吕不韦卒，有以哉！'愚按'幽王立'下即书李园杀春申君，何必引书秦事以为证。秦事诸世家皆具书，非必于此独有意也。如或说，则义近佻刻①，非古人意，故载而辨之。"

越王句践世家

梁曰："越僭号，不应书，当删'王'字。"按：此说非也。《史》于名号，皆从其所称。

方曰："句践先世无考，子孙事亦甚略，实传体也。"按：此说未明世家与传之分，岂在详略？

王曰："龙门意，盖以句践为五伯之一也。'句践已平吴'段大书特书，观赞语而其意尤著，故列为世家，所以重之也。"按：此说是也。所以不题始封之君，而题句践。

范蠡浮海云云

何良俊②曰："《货殖传》止载蠡货殖事，伯越诸谋则附见《越世家》中，其救中子杀人事，亦附其后，此皆太史公作史法也。"

方曰："范蠡谋吴霸越，具见句践语中。其浮海以后事，又不足

---

① 佻刻：浅薄的议论。
② 何良俊（1506—1573）：明松江华亭（今属上海奉贤）人，字元朗，号柘湖，题书房名为"四友斋"。著有《柘湖集》、《何氏语林》、《四友斋丛说》。《四友斋丛说》卷之五《史一》论《史记》五体曰："太史公《史记》，为历代帝王作十二本纪，为朝廷典章作八书，为年历作十表，为有土者作三十世家，为贤士大夫作七十列传。其凡例皆以己意创立，而后世作史者举不能违其例，盖甚奇矣。《史记》起自五帝，迄于汉武，盖上下二千四百一十三年之中，而为诸人立传仅仅若此。今观书中诸传欲去一人，其一人传中欲去一事，即不可得，其所谓一出一入，字挟千金，其藏之石室，副在人间，实不为过。"其论孔子当立世家曰："论道德，则孔子为帝王师，不当在诸侯之列；论其位，则孔子未尝有封爵，不当与有土者并。是大不然！盖方汉之初，孔子尚未尝有封号，而太史公逆知其必当有褒崇之典，故遂为之立世家。夫有土者以土而世其家。有德者以德而世其家。以土者，土去则爵夺；以德者，德在与在。今观自战国以后，凡有爵土者，孰有能至今存耶？则世家之久，莫有过于孔子者。《史记》又以孔门七十二弟子与老子、孟子、荀卿并列为传，则其尊之至矣，孰谓太史公不知孔子哉？"

别立传，而史公惜其奇，故附载于后，非常法也。蠡事可附，而杀子事则太烦琐。"

按：方说是也。此事在此，本是疣赘。史公书采杂说，多有编排铨配未定处。文家于此，乃圈而识之，以为奇，若史公所得意者。然不知此杂说也，非史公之笔也。吴汝纶谓越之谋吴用险谲，故以庄生险谲之事附著相发明，此说尤凿。如不相关之事，皆可以类附著，则何止此篇乎？

郑世家

梁曰："当书《郑桓公世家》。"

乃求壮士，得霍人解扬

王氏大赞此节，谓史公好奇，有意为文字生色。吴氏亦谓此文字恣肆处，是皆文家痼病之谈也。此亦采杂说耳。世家中支蔓处不少，皆不为奇。

此篇于晋、楚强弱甚详，以郑更事二国也。

茅坤曰："子产善词命，惜也史公遗之。"按：此篇于《左传》所载郑事，采掇去取详略，多不可解。

吴汝纶曰："《吴世家》附季札，《越世家》附范蠡，《郑世家》附子产，韩公《顺宗实录》用此法。"按：此说亦非。唐宋实录，例于诸臣卒下附其小传，乃是制度，非韩所创。方苞讥韩书为支，吴氏又以为仿《史记》，皆不考，附辨之。

赵世家

《史通·世家篇》谓："三晋田氏未为君以前，不宜归世家，使君臣相杂。"按：此与《周本纪》同，不与《秦本纪》同，不必责也。

梁曰："三晋皆篡国，当依《田完世家》称名之例，书曰《赵籍世家》、《魏斯世家》、《韩虔世家》。"按：《史》本不以书名为贬。

归曰："《赵世家》文字[1]周详，是赵有史，其他想无全书。"方曰：

---

[1] 字：沪本无此字。

"秦烧诗书，传记尤甚，故五国之事迹，《春秋传》、《国语》、《国策》外见者甚稀，独赵先世事迹特详，岂与秦为同祖，简、襄以前之史记无所刺讥者，皆存而不废欤？"吴汝纶曰："史公明言独有《秦记》，则六国无史，可知《赵世家》所载多小说家言，史公好奇，网罗放失而得之，非赵史也。"按：吴说是也。

梁曰："史于秦、赵多纪不经之梦，《赵世家》载宣子、简子、主父、孝成之梦，不一而已，何梦之多乎！《法言》曰：'赵世多神，圣人曼云①。'《经史问答》曰：'世家莫如赵之诬谬庞怪。'"按：梁说是也。何焯谓"载秦穆公、赵简子梦之帝所，意以飞廉、恶来之后昌炽，天道不可问"，则太凿矣。

王谓："精神团结，独简子与主父两事，前有婴、杵事为《左传》所未载，后有触龙说太后，取之《国策》，遂成世家中一篇非常奇采之文。"按：此说非也，此实足见《史》之采掇随意耳，何奇采之有？吴谓赵无德而兴，故详记鬼怪以为滑稽之恉，尤凿矣。

王曰："廉颇、李牧之事有不及载，而见之列传，恐冗长也。然于颇、牧战事悉书，特不及其方略。相如完璧，是传中事，世家不书，亦见义法之严，故于伐齐至平邑，则书矣。"

子义闻之曰

此语不必引，盖"刊落未尽"者也。

凡世家引《国策》，有但有其说，而未终言其效者，盖多游士设词，不可征实也。

太史公曰段

唐顺之②曰："独论迁者，盖罪之也。太史凡于美刺，但揭其要。"按：此说非也。论本随拈，此节亦非全篇之要也。

---

① 圣人曼云：扬雄《法言·重黎卷第十》或问："赵世多神，何也？"曰："神怪茫茫，若存若亡，圣人曼云。"

② 唐顺之（1507—1560）：明嘉靖武进（今属江苏常州）人，字应德。学者称"荆川先生"。有《唐荆川精选批点〈史记〉》十二卷，谓《酷吏列传》人物叙述有主有次，有详有略，如写张汤较详，写晁错较略，"笔力极其变化"。还有《荆川先生精选批点〈汉书〉》、《唐会元精选批点唐宋名贤策论文粹》、《唐荆川批点〈文章正宗〉》二十四卷，选辑《文编》等。其《文编》既选《左传》和《史记》，又选唐宋八大家之文。

王曰："补正文所未备，或六岁之中事不得详，故附见之而已。"

王曰："中山为国，兴灭具在此世家中，太^①氏密迩于赵，相为消长，或汉初其国纪载犹有存者，抑得诸故老之传闻。"

魏世家

惠王之所以_{云云}

此数句乃策家引而论断，故推论及"无适子"，与《赵世家》记子义语，同为失删。

梁惠王曰寡人不佞

金王若虚讥以为杂乱，梁氏谓误并二问为一，杨慎及王氏亦皆以为拙，皆不识史家用文约取之例。观梁氏所举《国策》，误以魏相田文为孟尝，则史公之采《国策》，亦多失考，未可谓《国策》不可信，而史公所取皆当也。

太史公曰_{云云}

《史通》、王若虚皆驳此节之弃事而言数，然此正所谓"天人之际"者也。何焯曰："此嗟惜深痛之词，讥之者俱非。"

韩世家

田敬仲完世家

梁曰："篇题未有名谥兼书，此必后人妄增。《汉书·迁传》无'敬仲'二字，《滑稽传》语在《田完世家》中，尤可证此。"按：此亦未然，《滑稽传》或是省文。

---

① 太：似当为"大"。

《史通·世家篇》谓不当没齐号而书"田完"。宋马永卿《嫩真子》①曰:"不谓之齐,不与其篡也。"梁曰:"世家皆书开国之君,完尚不敢为卿,何有于世家?奈何以后代之篡,追崇其先祖,齿列诸侯乎?当书曰《田和世家》。"按:题篇无褒贬,马、梁说皆非实,当曰《田齐》。尚镕谓以"完"制名,本《春秋》存陈之意,且为《孔子世家》开端,则曲甚矣。

齐桓公立十四年矣

王曰:"此语隐然东迁五霸之后一大脉络,亦史公用意处。"

田乞伪事高昭子至迁晏孺子于骀

王曰:"此段与《齐世家》同,其间特字句一二小异耳。史公于事互见,必有详略,此段则《齐》、《田》两世家皆不可少之文,故不忌复也。"

田常乃选齐国中云云

吴曰:"此深恶田氏,而极诋其所出之猥贱。《索隐》乃引谯周妄议,以为非实,所谓痴人说梦也。"按:如吴说,则是史公造作丑言,以诋田氏邪?果若是,则《史》秽矣!

始君王后贤云云

王曰:"《田世家》为列国世家之殿,故以此段为诸世家总结。"

太史公曰段

此语亦遭王若虚驳,谓"乱臣贼子,皆得以天命自解,而无所惩艾"。

---

① 马永卿《嫩真子》:马永卿,字大年,生卒年不详,南宋绍兴六年(1136)仍在世,其先合肥人,迁扬州,流寓铅山。马永卿追录刘安世语为《元城语录》。《嫩真子》五卷,乃其笔记,注重考证,涉猎广及宋代经学、史学、文学及天文学。此处所引见卷一:"田敬仲、田穉孟、田湣、田须无、田无宇、田开、田乞、田常。'五世之后,并为正卿',谓田无宇也;'八世之后,莫之与京',谓田常也。自齐桓公十四年陈公子完来奔,岁在己酉,至简公四年田常弑其君,凡一百九十二年,其事始验。《史记》但云'田敬仲完世家',不谓之齐,不与其篡也,与《庄子·胠箧篇》同义。"是书卷五感叹《史记》所记秦汉之际,曰:"消长倚伏,其运密矣。""仆读《史记》,因叹曰:'天道远矣。吁,可畏也!'秦昭王四十八年,始皇生于邯郸,年十三即位,是岁甲寅。然是年丰沛已生汉高皇帝矣。后十五年己巳项羽生,三十七年,始皇南巡会稽,时年已二十三矣。其年七月,始皇崩。二世元年九月,沛公起沛,时年三十九;项羽起会稽,时年二十四。汉元年,高帝至灞上,时年四十二。十二月,羽继至,遂杀子婴而灭秦。高帝在位十二年,五十三而崩,时岁在丙午。"

按：此乃微词，言田氏无功于齐，不应得国，求其说而不得，故为此词，意谓特厌兆祥耳，不可解也。史公此类语甚多。

孔子世家

《索隐》、《正义》皆谓以传十余世，代有贤哲，故为世家。王安石则以为进退无据。黄淳耀谓不可夷于列传，故特抗之。何焯谓史公自据"素王"之说，乃变例。梁氏亦从《索隐》、《正义》说，谓以德世其家。按：史公意似止如此。然世家、列传，本非以分崇卑、变例抗之，终是多事。若梁氏又从晁补之[①]孔子继宋、姜宸英[②]尊周之功，诸侯之事之说，则凿矣。何良俊谓史公逆知必有褒崇之典，浦起龙[③]说亦同，尤谬，已详《史通驳议》。

归曰："采摭经传，用心亦勤，虽时有浅陋，而往往能识其大者。"《评林》引作王祎说。[④] 按：此说是也。用心之勤，众史所同，未足为异，惟能识其大，则卓尔不群也。《史通》谓重编《论语》。只觉烦费，已驳于《驳议》。

是时也，晋平公淫云云

方曰："首举天下大势，伤天下之不能用孔子也。"

吴曰："史文无此意，但言鲁以小弱，介居强大之间，当急求贤。乃有孔子而不能用，为可惜耳。"

孔子年三十五云云

方曰："次举鲁国祸乱。伤鲁不能用孔子也。"按：此即无伤意，亦必书。

---

① 晁补之（1053—1110）：北宋济州巨野（今属山东）人，字无咎，号归来子，为"苏门四学士"之一。著有《左氏春秋传杂论》、《鸡肋集》、《晁氏琴趣外篇》、《杜舆子师字说》等。《鸡肋集》解《史记·秦始皇本纪》"诏从官令车载一石鲍鱼"。

② 姜宸英（1628—1699）：明末清初浙江慈溪人，字西溟，号湛园，又号苇间。著有《湛园集》、《苇间集》、《海防总论》等。《湛园未定稿》有《书史记卫霍传》。

③ 浦起龙（1679—1762）：清江苏无锡人，字二田，号孩禅，自署东山外史，晚号三山伧父，时称山伧先生。其《史通通释》包含校勘、注释、考证、评论，集明清以来《史通》研究之大成。通过《史通》诠释，阐发史学观点，涉及经史关系论、班马优劣论、历史编纂学等。其著作还有《读杜心解》等。

④ 《评林》引作王祎说：沪本无此句自注文。

乃因史记云云

此盖史公所闻于董仲舒者。

陈涉世家

孔子不得用于世，而春秋变为战国，战国并于秦，而先王之道隳。陈涉倾秦，而人君之局变。天下大事，莫过于君师。师道立而君位无定，非复三代以来之旧矣。涉固非古诸侯之比，然当时名为复楚，固尝有国，几伯一时，虽未统一大势，不可如项之立纪，而止列列传亦不安，故史公变例书之，此班彪所谓"细意委曲"者也。《索隐》谓"涉列世家，以其所遣王侯将相竟灭秦，为首事"，故冯班谓"项梁未起，以天下之命制于一人之手，故升于世家"，皆是也。乃《索隐》又作骑墙之说，谓当降列传。《史通》、《后汉书·注》、《古今考》、《示儿编》① 皆同此论，非也。

王氏曰："'置守冢，至今血食'者，著其所以为世家，然实传体。史公愤书、亦好奇之过。"此说则又迂谬，守冢血食便足为世家，则当立世家者多矣。世家之体，本在纪、传之间，何待言传体哉？

茅瓒曰："涉虽发难，而当时诸王起兵者，皆备载于此，故称世家而首之。"按：此说亦非。诸起兵者不尽立国，不可为世家，其已立国者，又已别为专篇矣。

其故人段

此著匹夫崛起之初之情状。

陈胜虽已死至**由涉首事也**

此所以不得不列②为世家。

褚先生曰云云

此论班固、徐广、裴骃所见，皆作"太史公"，《集解》明白可据。

---

① 《示儿编》：即《履斋示儿编》，南宋孙奕为子孙撰写使其"知学之意"之书稿，"考评经传，渔猎训诂，以立总说、经说、文说、诗说、正误、杂记、字说凡七条，大抵论焉而不尽，尽焉而不确，非敢以污当代英明之眼，姑以示之子孙耳，故名曰《示儿编》"。孙奕，南宋庐陵（今江西吉安）人，字季昭，号履斋。

② 列：沪本作"例"，恐误。

《索隐》、王氏乃谓为褚氏妄加，何其不考也。王谓班亦据少孙本，班安得如此昏愦；明有褚先生，而乃认为太史公邪？史公以此为《陈涉世家·论》，正以收以上诸国世家之局，见诸国为秦并，而陈涉乃崛起亡秦。王氏乃谓与陈涉无关，是不知而妄断也。

外戚世家

《史通·题目篇》曰："皇后而以外戚命章，则书天子以宗室纪可乎？"梁氏曰："后妃止宜在列传，若谓代有封爵，不妨侪之世家，亦应书'后妃世家'、不当标题'外戚'，《范史》本王隐作《皇后纪》，尤非。"按：《孔子》、《陈涉》、《外戚》三篇，本非世家正义。迁之意，不过因外戚有封爵，以古封建视之，后妃之事，则本是寄书于此，其例本未安。后史改之是也。后妃又安可为世家邪？

> 尚镕曰："窦、田、卫、霍，各为列传，外戚之无足重轻者，始著于此篇。《汉书》从其例。"

> 方曰："《外戚》专纪汉代，不宜称秦以前；《孝惠后传》后，不宜及迎代王事。盖'汉兴'至'居北宫'，《史记》之旧；'秦以前尚略矣'二句，末'迎立代王'语，则褚少孙补也。"

> 吴曰："褚少孙虽妄，亦不致于文中搀补，此文引秦以前承叙夏殷周而言，为汉事发端。叙立代王，见惠后之卒无嗣，于文似皆不为骈枝。"

按：吴说是，方说非也。少孙所增明白，有"褚先生"字，安得遇所不解，辄归狱于少孙乎？此书本通史，苟史公不著此二语，吾且将讥其疏略。篇名"外戚"，秦以前岂无外戚邪？篇目所以历叙古事、用《国语》者，正通史所宜。此即正文，非叙论也[①]。方、王不知通古、断代之别，又不知一篇自成首尾，乃妄目为叙论，谬矣。"迎立代王"数语，岂为繁冗，以义论，则此正明张后之不终；以文论，亦因以起下文薄后。

---

① 非叙论也：沪本作"非正叙论也"，多一"正"字，又标点作"《非正叙论》也"。

黄淳耀曰："首论归之于命，今以其所载考之，信矣。其为命也，宠辱推迁，祸福倚伏。当其贱也，尘埃不足以喻其微；及其贵也，天霄不足以喻其远。虽万乘之君，爱憎予夺，且莫能自主也，而况下之者哉？信矣，其为命也！"

吴曰："此篇讥汉诸后，非王侯有土之女，而配人主，皆命而已。其嫉妒求宠，又皆妄与命争也。"

按：此篇以命立论，故述其出身微贱，偶幸而合甚详，与《陈涉世家》所书同意。盖叹封建废，匹夫崛起，选色于微，其合不重，故不能终。悲祸福之无常，实伤婚姻礼①废，兢慎义亡，而夫妇之道苦也。意甚隐微，方氏未能发明，吴氏乃②略见之，王若虚则更以为费辞矣。

王氏谓薄、窦、王、卫各为篇，皆史公原文，亦谬。诸段中错出诸后妃，本一篇书。后世提行，取易明耳。方氏从而圈断之，竟以为各自为篇，则窦太后后叙慎夫人、尹姬、卫后，后叙王、李夫人，皆有不整齐之讥矣。

汉兴吕娥姁

梁曰："本纪标目，既编高后之年，外戚裁篇，难缺娥姁之事。撮叙大略，体例宜然。"按：此数语明塙③。王若虚谓吕事已见他篇，此恐不须，非也。

盖其家号曰卫氏

加"盖"字，故作疑词也。

崔氏曰："此篇独无赞语，脱也。"按：此说非也。④

褚先生曰以下

梁曰："此续为褚生极笔，非他芜陋可比。然赞武帝谴死钩弋为圣贤，虽立言之体，究非人情。"王鸣盛《十七史商榷》曰："每段各系议论，皆鄙琐。"按：两说皆是。梁言其叙事，王言其体。

---

① 礼：沪本无此字。
② 乃：沪本作"及"字。
③ 明塙：明确。
④ 本篇赞语见篇首《序论》之末"太史公曰"云云。

楚元王世家

以下诸世家，《史通》讥为不当立，谓"宗子称王，皆受制京邑，自同州郡；异姓封侯，亦从宦天朝，不临方域。必编世家，实同列传。《班汉》厘草，事势宜然"。其说是也。然汉初诸王，实自为政，未受制京邑，列侯就国，亦临方域。至于五宗三王，事乃不同，史公仍列之者，取与前一律耳。武帝以后，始仅食税租，故班改之，不得因班而咎马也。若《索隐》谓"萧、曹、张、周五宗三王，当为列传"，又不如刘说之周矣。

凌稚隆曰："伯蚤卒，仲王代，亦卒，不及特为立言，故附此。"按：此说未周。仲乃濞父，依后史例，当书于《濞传》首。而不然者，此篇以高祖近亲为主，《濞传》以七国事为主也。于此可见古史之以事为主。

不载元王好书诸事，梁以为疏。按：史公盖不及知此等，殆出向、歆所记耳。

附载赵王遂事
柯曰："盖以防与先生、申公事相类，有贤不用，均可为戒。"王曰："楚元、赵幽皆亲，戊、遂又同与吴濞反。"按：柯说纤，不如王说。不载燕灵，赵幽、隐者，通史不必太详。既列于表，但举有事者书之，班则断代必详，各有宜也。

太史公曰段
王曰："申公、防与先生，论中补出，又一法，以其文互见也。"崔曰："论必据传文，申公、防与先生之事，必世家已言，今脱去耳。且述元王以下，不如《汉书》详，残缺多矣。"按：崔说是也。

荆燕世家

梁曰："《迁传》作《荆燕王世家》是也，此脱。"

岂不伟乎
王谓此句亦抑损之词，而不能言其故。"伟"《汉书》作"危"，王怀祖读为"诡"。按：诡、伟声近，《汉书》所据《史记》乃善本耳。作

"诡"则明是抑损之词。

齐悼惠王世家

此别开一篇者,以其强大,诛诸吕赖其力,而后亦屡反,盖几于春秋之四大国矣。

后半叙诸王,以地为纲,故济北后叙王志,菑川后亦叙王志。以地为纲者,明齐地之裂也,即论中意。崔适谓叙述多复冗,当是原文散佚,后人补缀而成,其说亦未可信。

萧相国世家

以下数人,皆以功大列世家耳,樊、郦等固仍在列传中也。林駉曰:"虽通侯而皆社稷之臣,则亦列于世家。"近之矣。

方云:"首举收秦律令图书,进韩信,镇抚关中,而功在万世可知矣。末记与曹参素不相能,而举以自代,则公忠体国具见矣。中间但著其虚己受言,以免猜忌,虽定律受遗,概不著于篇。观此可知立言之体要矣。"

太史公曰段

杨慎曰:"末比闳夭、散宜生,或讥其无谓,不知太史断萧何呫呫诸将语,正在此等,不然何不曰与太公望同功。"

王云:"赞文亦似挹损之辞,观其以韩、英为衬笔,可见'散、闳争烈',殆洋洋有弦外音者。且何不言伊、吕乎?盖三代以前之人之事,不能复见,即何者遂已当与散、闳比烈矣,岂非慨哉!"

按:此说散、闳句,似求之过深。古人之视散、闳,不如后世之甚高也。

曹相国世家

钱曰:"萧、曹皆以相国终,故目录皆云'相国',与陈丞相、张丞相一例也。而篇首一则曰'萧相国何'，一云'平阳侯曹参'，不称相而称侯，与周勃同。然勃以侯终，不可以例参也，平津侯亦以丞相终，而目录不称'丞相'，与萧、曹诸人书法异矣。其首则云'丞相公孙弘'，若以萧相国例之，不当系姓于官之下，此皆史公义例之疏也。"

按：钱说推求极密，但篇题或有义，而篇首则不拘，本无须深求。萧何起即为相，曹参则本以战将列侯显，故异其称。若公孙弘之以侯为题，则著其始以布衣丞相封侯也。至官与姓之上下，益琐屑不足论矣。后世多以《春秋》法概《史记》，只见烦谬而无益耳。尚镕谓《史记》或称官，或称侯，或称字号，盖犹沿《左传》称谓，例未尽纯是也。

> 方曰："条次战功，不及方略，所以能简。治齐、相汉，只虚言清静，不填实一事。"

按：此说非也。参本止战将，叙功据功状，本止如此，岂有意为简。清静之治，本无可填实，记属狱市、饮醇酒事已征实矣。

留侯世家

良乃固要项伯段

方曰："与高祖问答语，不载本传，恐与立六国后八不可议，辞气相类也。"按：此说大非。《史》文自互见耳，岂可以文调之复，而割弃事实乎？

所与上从容言三句

方曰："纪事之文，义法尽于是矣。"

八难之说，王若虚已辨其惑。王氏谓铺张其说，多为之辞，犹是战国策士之习是也。武帝时，策士之风尚存，凡良、平事大都类《国策》所载，史公闻而记之，必多失实。

太史公曰以下

怪老父而又归之于天，盖史公于陈、项以来人才皆不满，不以为才德应尔，而以为时势使然，此即所谓"天人之际"。此意处处可见，昔人皆不察，故真以项、刘为圣，良、平为贤，而反讥史公好舍人事而言天命矣。吴汝纶谓："言'状貌如妇'乃轻之，叙'四皓'事，亦讥其阴附吕氏以取媚。"此则凿之使深之说也。

陈丞相世家

少时家贫一段

《史公书》于秦、汉间名人微时事，必详书，自陈、项及汉诸后、诸功臣皆然，此正所以著"古今之变"。王氏以为"说没要紧话乃文之妙"，浅谬甚矣。夫圯上黄石，正篝火狐鸣、遇龙斩蛇之类也；"宰天下亦如是肉"，正"彼可取而代"、"大丈夫当如是"之类也；薄姬与赵管之约，正陈涉"辍耕怅恨"之类也。后世不察，乃信假说以为实，谓命世之夙成，史公当失笑耳。并书王陵，足见史之一篇，非以一人为主。尚镕乃谓为以愧平，曲矣。

绛侯世家

方曰："封侯安刘氏之功，具《吕后》、《孝文》本纪，故首叙战功，承以可属大事，其后独载惧祸、遭诬二事。"

曾国藩《读书录》曰："太史公于不平事，多借以发抒郁抑，此于条侯父子事，却不代鸣冤苦，而以不学不逊责条侯，故知子长自闻大道。"

梁孝王世家

名为梁孝王，实文三王也，举著以包之，史公书多此类。尚镕谓"当题《文三王》"，又言"孝王功不掩罪，不当以为主而附二王"，非也。诚知《史》之一篇非为一人设，则一切疑义皆解矣。

梁曰："孝王及五宗三王，帝胄①也，而混于诸臣之中，似乎非体，然后世史臣，皆仿此例矣。"按：此以时叙，何非体之有？马、班皆如是。

---

① 胄：原作"冑"，已径改。

后世视史体如朝仪，乃以宗室异姓区尊卑耳，可反以讥史公邪？

五宗世家

王鸣盛谓号五宗无理①，妄也。

王齐数上书告言汉公卿及幸臣所忠等

崔适曰："《汉书》下云'又告中尉蔡彭祖，捕子明骂曰'云云，此从《汉书》窜入者，偶尔中辍，忘其未毕，下乃别录胶东王事也。"按：此是续语有脱文耳，奚由知必为写者中辍邪？

太史公曰段

至是封建之势，将变尽矣，江都与赵，尚欲自为，胶西不得自为而愤，中山以淫乐自晦，鲁亦耽乐。

三王世家

此篇大有可疑，今具论如左。

太史公曰："燕、齐之事，无足采者。然封立三王，天子恭让，群臣守义，文词烂然，甚可观也，是以附之世家。"《自序》曰："三子之王②，文词可观。"按：观此则此书本完备无阙，又与《自序》符合。所谓恭让守义，即所载诸奏疏及封策也，何至褚先生乃取封策，编列其事邪？

> 褚先生曰："臣好览观太史公之列传，列传中称'《三王世家》，文辞可观'③。求其世家，终不能得，窃从长老好故事④取其《封策书》，编列其事而传之，令后世得观贤主之指意。"又曰："谨论次其真草诏书，编于左方。"

---

① 五宗无理：此语见《十七史商榷》，曰："《五宗世家》凡十三人，皆景帝子，以其母五人所生，号为五宗，殊属无理。《汉书》改为《景十三王传》，是也。"

② 王："王"字原作"下"，误，据《史记》文改。

③ 列传中称《三王世家》文辞可观：此褚少孙误读《史记》，司马迁谓三王封策文之文辞可观，故用以编列为世家。

④ 好故事：《史记》中华书局标点本"好故事"下有"者"字，当为是。

按：褚先生既言如此，又续记王夫人事于后，而释策文谓三王后事竟如策指，则是《封策书》明是褚先生所取入，何以太史公已云"附之世家"[①]？

柯维骐曰："《太史公书》原缺《三王世家》，独赞语尚存，故褚先生取廷臣之议及《封策书》补入。"[②]

按：此说甚似[③]是，但如尚有一赞，褚先生终不得言"求其世家，终不能得"也，且又何待读列传而后知哉？

归氏曰："世家本不阙，读赞文可见。太史公亦不见三王后事。褚先生浅见，谓求世家不可得也。又序曰'三子之王，文词可观'，可知独载其文词耳。"

按：褚先生明言窃取《策书》、编列其事，归氏何竟不见？既有《策书》，何待褚先生取，乃反谓褚为浅乎？

王鸣盛曰："直取请封三王之疏及三《封策》录之，与他王叙述迥异，则迁特漫尔钞录，犹待润色未成之笔也。"

按：此则不但不读褚先生语，并不读《自序》，不足辨也。

梁氏曰："《史》缺《三王世家》，褚先生从长老好故事者，取廷议《封策》补之，论亦伪托。而其误处，如元狩六年，俞侯栾贲为太常，而曰太常臣充；是时张汤为御史大夫用事，而曰太仆臣贺行御史大夫事：五等之爵，成周定制，而曰春秋三等，从殷制合伯子男为一。其余月日亦驳，殆半由好事者传录之误欤？又《自序传》称'三子之王，文词可观'，以三策为武帝自制，故《汉书·武纪》特书'初作诰'也，乃以褚所补者，与《武五子传》校之，字句之间，多有同异，岂史臣敢窜易邪？抑褚先生所编，不尽依元本邪？"

---

① "《封策书》明是褚先生所取入"云云：此刘咸炘误读褚氏补文。褚氏求史公之世家而不得，于是据封策文而敷衍成世家，并非取"封策文"为世家。对照史公与褚氏之赞语而自明，无须解说也。

② 柯氏云云：此同刘咸炘，误读褚氏之语言而致疑。

③ 似：沪本无此字。

按：此则全以此篇为褚补矣，但其所致疑者未尽然。《公卿表》固多脱文，赵充之脱不足怪，公孙贺之行御史大夫，或张汤偶在，告后之封策，固汤行事也。春秋三等，乃汉今文家师说之异，不足为病。若《武五子传》文字之异同，则安知非由传写，或褚、班所见本异？武帝自制语本无据，褚但钞录补阙，亦未必便点窜也。

　　王氏曰："《三王世家》史公止载策文三篇，而著其后曰'燕齐之事，无足采者，故弗论著也。'又曰'封立三王，文词烂然，甚可观也，是以附之世家。'说甚明白。少孙不识，而刺取廷臣之议于前，又录三王等事于后、疑当仍以三策文及赞附之《五宗世家》为篇。"

按：王氏以《自序传》为伪，而谓五宗三王当为一篇，此无征臆断之词，已驳之于《自序》篇，兹不具论。其止认策及论为原文，而谓前疏为褚加，又与柯、归殊，实亦谬也。褚生明言补《封策书》，而定甫乃诬以补奏疏，谬一。论中称"天子恭让，群臣守义"，即指奏疏，若本无奏疏，则此语何指，谬二。"故弗论著也"句，本在"燕齐"句上，乃承上文所由来久矣，统指封建事，何乃颠倒其文，谬三。

　　如上诸说，皆不可从矣。盖谓存赞存策，则此篇终是尚存，褚不得言"不能得"，亦不得言"览列传乃知文词可观"。吾谓此终以梁说为是，但梁所举不足致疑耳。今且先论褚先生之言"列传"者，即《自序传》也。《自序》本为列传七十之一，《序》目明著之。若《自序》非传，则列传只六十九矣。梁氏曰"《自序》在七十传中，《索隐》作《自序传》"是也。太史公自言"列传七十"，序义完好，何可背？且《自序》自述先世，本是传体，孟坚《序传》，即法史公，亦在列传数内。褚生读《自序传》"三子之王，文词可观"之语，意文词即议奏及封策，故取《封策书》补入耳。且其论文亦谬。史公于周诸世家，皆未尝论封建之制，必不于此又作冗文。此论首乃详说封建，谓"所从来久，故弗论著"。语甚可笑，其伪可见者一。又曰"燕齐之事，无足采者"，史公在时，三王皆存，其人未终，其事未完，何以云"无足采"？此明是补论者意，史公但取文词，必以事无可采，故作此语，其伪可见者二。归熙甫既知史公不及三王事，乃又信论文为真，曾不思"无足采者"语作何解邪？王定甫更以"无足采"为说甚明白，弥可笑矣。

　　既为此说，后读《龟策列传》，褚先生记云"窃好《太史公传》，太史公之《传》曰'三王不同龟'"云云，"臣往来长安①，求《龟策列传》不能得"云云，此乃一铁证。称《太史公传》，与此称列传同。直引《自序传》原文，故加"曰"字。此略引其文，故曰"称《三王世家》，文词可观"，而两皆云"求之不能得"，岂不明白？苟吾先得此证，则不必费词矣。仍存吾驳难之说，以识吾之用心。独怪昔之论者，何不举也。得此证，不但明此篇之为补，并可证二事：一证《自序》在列传中，当称《自序传》；二证《自序》之非伪，足以关王定甫之口，曷胜愉快！

吾疑此竟是后人所补，非出褚生，何也？褚生岂不知史公不及见三王后事，而乃云"无足采"，虽愚，未必至是。且褚语明言"编列左方"，今乃在前，是右方矣。吾疑褚生本载疏策于其识语之后，"王夫人者"云云之前，作伪者乃移前加论耳。②

《索隐》谓当补《许邾世家》、《吴芮世家》。

> 梁氏曰："周时列邦当先吴、鲁、管、蔡、卫、晋、燕、郑，乃及陈、杞、宋、越、楚、齐、韩、赵、魏、田氏，而以孔子殿焉。汉代以外戚居首，乃及楚、荆、燕、齐、梁五宗三王，然后萧、曹、张、陈、周，而陈涉附焉。此条次也，《史》似不得其序。若编香则邾、莒并春秋时次国，世系足考，其事迹，较详于曹、杞，安得云滕、薛、邹以小弗论邪？又吴芮至忠，著于《令甲》，五代称王，侯封支庶，何独缺如乎？"

按：整齐画一，古人自不如后人，然世家序次，焉有一定？梁氏所叙，亦不过以宗盟异姓夷夏为序，史公则以三公、文昭、三恪、武穆为叙，皆有意，皆非有据，安见此是而彼非乎？陈杞之列世家，以存舜、禹之后，通史上下古今，自宜如是。若其他次国小国，岂可备载？史公当时所见，有《世谱》、《世本》可考者，岂独邾、莒乎？至于吴芮事迹无多，表已见矣。

---

① 臣往来长安：《史记》中华书局标点本"长安"下有"中"字。

② 刘咸炘氏误读史公赞语及褚补，以上褚贤之议论及刘氏按语皆非，不足为训，皆深求之过也。

太史公书知意六

列　传

伯夷列传

先大父①有评语，旧曾作述疏，今修补录之于下 。

疏曰：《尚书》因事命篇，《春秋》编年，经提大纲，传详细目。经为经，传为纬。太史公变《春秋》之貌，而用其纲目经纬之义，参《尚书》之法，改为纪传。名为列传者，示其不同于左氏附经之传。列谓排列，为数十篇，非谓列人也。黎庶昌②误谓数人合传，乃称列。《伯夷列传》岂二人哉？史体，每篇一义，先以一时代之事罗于胸中，而分篇说之，举一事为一篇，或数事为一篇，旁见侧出，数十篇书如一篇，非拘拘为一人立一传，非拘拘为一人备始末，此之谓"圆而神"。故史公创此体，以人名篇，以事名篇，兼而有之。一篇兼数人，非有正附也③。即以人名篇，亦以事为主，非以人为主，故其名篇亦非有定例。

所谓《伯夷列传》第一者，犹《诗》之《关雎》、《卷耳》，《孟子》之《梁惠王》、《公孙丑》耳。《孟子》七篇，皆言仁义，而《梁惠王篇》第一章，首举仁义。《太史公书》百三十篇，皆考信《六艺》，而此传首举考信《六艺》。古人著书，无凡例，此即其义法也。昔人谓"为七十列传总序"是也。此篇特举许由、伯夷二事，以明古事之多异辞，为全书考信《六

---

①　先大父：刘咸炘之祖父刘沅（1767—1855），字止唐，蜀中知名学者。参见本书刘伯谷、朱炳先《刘咸炘先生传略》。下文"疏曰"即其祖父之发明。

②　黎庶昌（1837—1896）：清末贵州遵义县人，字莼斋，自署黔男子。著有《拙尊园丛稿》、《西洋杂志》、《丁亥入都纪程》、《海行录》、《遵义沙滩黎氏家谱》、《黎氏家集》、《黎星使宴集合编》、《曾文正公年谱》、《全黔国故颂》、《续古文辞类纂》、《古逸丛书》、《古逸丛书叙目》、《宋本〈广韵〉校札》、《春秋左传杜注校刊记》。黎选《续古文辞类纂》，补史为中编，采选《史记》、《汉书》、《资治通鉴》等史书，共分九类。

③　非有正附也：此刘咸炘氏一家之言，仅备一说，非有确论。《史记》列传命名以人为主，一人命名为专传，两人以上命名为合传，以事类命名者为类传，涉列人物为附传。

艺》、折衷夫子发凡，非专为伯夷一人作传。不标为"由夷传"而但标"伯夷"者，以由事不足信，夷经孔子论定也，不然伊尹、傅①说，何不立传，乃独以伯夷冠篇邪？伊、傅事迹，关著《六艺》，不待传也。百三十篇，各有主旨。此篇主旨，在考信《六艺》。质而言之，即谓之"考信六艺列传"可也。犹之《孟子·梁惠王篇》谓之"仁义篇"可也。知此乃可读百三十篇。列传"圆神"之意，章实斋详发之，兹会通其说，撮要而显言之如此。

《史通·探赜篇》曰："葛洪云：'司马迁发愤作《史记》百三十篇，伯夷居列传之首，以为善而无报也。'按《史》之于书也，有其事则记，无其事则阙。寻迁之驰骛今古，上下数千载，春秋已往，得其遗事者，盖唯首阳之二子而已。然适使夷、齐生于秦代，死于汉日，而乃升之传首，庸谓有情。今者考其先后，随而编次②，斯则理之恒也，乌可怪乎？必谓子长以善而无报，推为传首，若伍子胥、大夫种、孟轲、墨翟、屈原、贾谊之徒，或行仁而不遇，或尽忠而受戮，何不求其品类，简在一科，而乃异其篇目，各分为卷。"

浦起龙释曰："愚尝论伯夷之为传首也，当作七十列传总序观。传非本纪、世家之比，人兼显晦，事待表章。龙门寄意于首篇，所传在伯夷，所附托乃在孔子也。稚川之见偏，居巢之说臆，似皆未得其肯。"

冯班曰："此七十列传之凡例也。本纪、世家，事迹显著。若列传，则无所不录，然大旨有二：一曰征信。不经圣人表章，虽遗冢可疑，而无征不信，如由、光是已。一曰阐幽。积仁洁行，虽穷饿崖穴，困顿生前，而名施后世者，如伯夷、颜渊是已。"

章实斋《丙辰札记》曰："《伯夷列传》盖为七十列传作叙例，惜由、光让国无征，而幸吴太伯、伯夷之经夫子论定，以明己之去取是

---

① 傅：沪本作"传"，又将此句标点为"不然伊尹传说，何不立传"，而下文又有"伊尹、傅事迹"，意即"伊尹、傅说"，故沪本此处恐误。

② 随而编次：赵翼《廿二史劄记》卷一亦有"随得随编"之说，不能成立。列传序列有组合义例，或以连类相及，或以对比显义，用八个字概括："时代为序，以类相从。"刘氏《刺客列传》知意有言："篇次相接，自有意旨。"与此"随而编次"自相矛盾。

非，奉夫子为折衷。篇末隐然以七十列传窃比夫子之表幽显微^①。"

按：前人于此篇居首之意，多妄生曲说。知幾之论，可以廓清之。至于发明本旨，则浦氏尚属含糊^②，冯、章乃能精显，惟皆未知由、光及伯夷叩马之事，史公本已辨明其不足信。甚矣，读书之难也！

夫学者载籍极博至可知也

先大父曰："一起便揭明《六艺》可信，不当信其他。"

疏曰：太史公撰百三十篇，书自黄帝，迄于汉武，全以《六经》、孔、孟为宗。周、秦间子书传记，载古事多异辞，必奉《六艺》以折百家，其义散见本纪、世家、列传。本纪始于黄帝，曰"百家言黄帝者多不雅驯"，此则曰"犹考信于《六艺》"，《孔子世家》则曰"言《六艺》者，皆折衷于夫子"。此三处三言合之，便见全书宗旨。至其书中犹多误采杂记，此则学力未到，或失于删定耳。下言《虞书》、《夏书》，舜、禹之事备在，焉有许由、随、光之事哉。

尧将逊位至若斯之难也

大父曰："此《六艺》之可以考信者。"

而说者曰至盖有许由冢云

大父曰："说者非《六艺》，汤让天下于随、光，未必实有其事，其人则似实有之。盖有许由冢，似实有其人。"

疏曰：何以称焉，谓从何生出此说，显出《虞》、《夏》书之外，而与《虞》、《夏》书不合也，直以《六艺》辨其不可信。明白如此，而方望溪乃谓史公之意，亦无从考信，梁曜北谓史公盖亦疑其说，何其粗也！扬子《法言》曰："或问尧将让天下于许由，由耻，有诸？曰好大者为之也，顾由无求于世而已矣。允喆_{知也}。尧儃_{同禅}。舜之重，则不轻于由矣。"此末数

---

① 微：沪本作"征"。

② 浦氏谓《伯夷列传》应"当作七十列传总序观"，是深得史公本旨的闪光亮点，刘氏译为"含糊"，非是。《伯夷列传》居首，不是征信记史，乃是发议论，是对天命史观的批评。

语，即本此篇。盖许由、巢父，卞随、务光、石户之农，及越王子搜诸事，皆道家寓言，所谓"厉怜王"之论也。封建之世，天子选于诸侯，无土不王，岂有牵一隐民，而付以大位？纵尧有此举，诸侯亦必不许，则由之不从，乃不敢耳，岂为耻贵而足高哉？

> 《论衡·对①作篇》曰："《太史公书》据许由不隐，燕太子丹不使日再中。"

《史通·杂说篇》曰："马迁持论，称尧世无许由。士安撰《高士传》②，具说箕山之迹，向声背实，舍真从伪，知而故为，罪之甚者。"观此知唐以前人，皆知此篇之意，苏子由《古史》亦谓史公知其妄。宋以后乃不能读耳。由、光事虽虚，然箕山有冢，或有其人。此史公之慎。盖伯夷亦是人实而事伪也。宋黄震《日钞》曰："史公意虽无其事，尝有其人欤？"曾国藩曰"盖者疑词，许由冢不足深信"是也。"云"字亦疑词，《封禅书》屡用之。王若虚谓："迁既知许由事之非，而又惑于箕山之冢，非也。然冢虽亦未可信，而许之名则未必虚。"宋楼昉③说："申、吕、齐、许，皆四岳后，尧让许由，即其一也。'汝能庸命'，是让许由之实。"汤师中说同。见《后封诗话》元黄潜驳之，谓周封太叔于许，四岳在唐时未尝封许，安得预以为氏？然此实未足难楼、汤之说。但称许由，非必即是氏。周封，安知非仍旧壤乎？明陈霆④又袭楼说，谓由不敢，当逃避，如益避

---

① 对：沪本作"封"。《论衡》有《对作篇》而无"封作篇"，误。

② 士安撰《高士传》：《高士传》，皇甫谧所撰。皇甫谧（215—282），晋安定郡朝那县（今甘肃灵台）人，后徙居新安（今河南新安），幼名静，字士安，自号玄晏先生。著有《历代帝王世纪》、《高士传》、《逸士传》、《列女传》、《元晏先生集》等。现存的《高士传》分上、中、下三卷，采尧、舜、夏、商、周、秦、汉、魏古今八代之士，立九十一传，记九十六人。立传标准："身不屈于王公，名不耗于终始。"（皇甫谧《高士传·序》）依此标准，孔子、司马迁称颂过的伯夷、叔齐，不在立传之列。因为伯夷、叔齐虽然宁肯饿死，耻食周粟，执节很高，但"叩马而谏"，有干政之嫌。

③ 楼昉：生卒年不详，字旸叔，号迂斋，南宋鄞县（今属浙江宁波）人。著有《宋十朝纲目》、《中兴小传百篇》、《东汉诏令》、《崇古文诀》等。

④ 陈霆（约1477—1550）：明浙江德清县人，字声伯，号水南。著有《仙潭志》、《两山墨谈》、《水南稿》、《渚山堂诗话》、《渚山堂词话》等。《两山墨谈》卷十三有云："尧让天下于许由，由非山林逸士也。《左传》云：'许，太岳之后。'太岳亦即由耳。古者申、吕、许、甫皆四岳之后，《尧典》曰：'咨四岳，朕在位七十载，汝能庸命，逊朕位。'让由之举，或即此也。"

又，沪本"陈"之后无"霆"字，恐脱漏。

启之类。近儒宋翔凤①则谓由与夷、与阳，一声之转，许由即《书》之伯夷，《尚书大传》之阳伯，伯夷封许。章炳麟则谓"许由即咎繇"。虽尚无定说，要足见傅会之有由矣。

孔子序列至何哉

> 大父曰："孔子旁搜《六艺》，是学者考信之宗。未经孔子序列，终不敢确信为有。又曰：此段引许由、务光作衬，见孔子未言，故不敢如伯夷与之立传。"

疏曰：考信《六艺》，尤必折衷孔子，《六艺》所无，以孔子之言为断，如黄帝、许由、伯夷是也。黄帝为本纪之首，伯夷为列传之首，文中已明著之。惟泰伯为世家之首，自来偶有说者，皆谓泰伯、伯夷皆让德，列于首以表让。此似是而非，此书之意，不专在表让。自黄帝迄于汉武，所褒贬发明多矣，岂专重一"让"字？若云规切当时，汉武又无不让之失，且果表让，何不以尧、舜冠本纪邪？纷纷囵囵，失之目睫，不知此篇固已明言"孔子序列古之仁圣贤人，如吴太伯、伯夷之伦"二语，已表明世家冠首之意。太伯仅一见于《诗》，而其事不见于《书》，亦以孔子称之而传，与伯夷同。以黄帝、泰伯、伯夷分冠本纪、世家、列传，皆考信《六艺》，折衷孔子也。《太伯世家》末直引孔子"至德"数语，与此传引孔子四语正同。黄帝之事，见于《大戴记·五帝德》，出于孔子，故本纪全载之。伯夷则全不见《六艺》，而有孔子之言可证。若许由、随、光，则《六艺》无之，孔子不言。且考信于舜禹之让，而其事又背于义，何可

---

① 宋翔凤（1779—1860）：清江苏长洲（今属江苏苏州）人，字虞庭，一字于庭。此处引文见其《尚书略说》："云八伯者，《尚书大传》称阳伯、仪伯、夏伯、义伯、秋伯、和伯、冬伯，其一阙焉。郑注以为阳伯为伯夷掌之……《春秋左氏·隐十一年》：'夫许，太岳之胤也'，申、吕、齐、许同祖，故吕侯训刑，称伯夷、禹、稷为三后，知太岳定是伯夷也。《墨子·所染篇》、《吕氏春秋·当染篇》并云：'舜染于许由、伯阳'，'由'与'夷'、'夷'与'阳'声之转。《大传》之阳伯，《墨》、《吕》之许由、伯阳，与《书》之伯夷正是一人。伯夷封许，故曰许由。《史记》尧让天下于许由（本《庄子》），正附会'咨四岳，巽朕位'之语，百家之言，自由所出。"其著作还有《论语说义》、《论语郑注》、《大学古义说》、《孟子赵注补正》、《孟子刘熙注》、《四书释地辨证》、《卦气解》、《尚书说》、《尚书谱》、《尔雅释服》、《小尔雅训纂》、《五经要义》、《五经通义》、《过庭录》、《论语发微》、《经问》、《朴学斋札记》等。

信哉？燕哙之让子之①，即由误信许由之事，谬说之误人甚矣！

孔子曰伯夷叔齐至可异焉

大父曰："异其有涉于怨。"

疏曰：伯夷之事，盖古书亦无传，传者惟轶《诗》传耳。史公作传，即据孔子四语，此便是伯夷事正文。后人有谓其"传曰"以下乃传文，甚至有谓此篇为《伯夷列传》序者，其浅陋何待论！"可异焉"与上文"何以称焉"同意。

其传曰至怨邪非邪

大父曰："颇疑其怨。又曰：此段乃入夷、齐，先以孔子之言为主，乃言轶《诗》可异。异者，异其与孔子之言戾也。孔子谓夷、齐不怨，而轶《诗》乃言其怨，故不足信。"

疏曰："传"乃轶《诗》之传，"古"者，承上文，词甚明白。王若虚曰："'传曰'二字，吾所不晓。迁所记古人事，孰非摭诸前书，而此独称传乎？"此真不明文势矣。经外皆称传，传事、传义无分。《毛诗传》犹间载事。经传、史传同源，章实斋已详论。《索隐》谓是《韩诗外传》，今《外传》无其事，特详载其不可信之事而驳之者，以示考信《六艺》，折衷孔子之准则。"叩马"事又见《庄子·让王》、《吕氏春秋·诚廉》。独举轶《诗》传者，以其托于《六艺》也。

或曰天道无亲至其何如哉

大父曰："即善人以疑天道。"

盗跖日杀不辜至较著者也

大父曰："即不善以疑天道。"

---

① 之：沪本无此字，误。《史记·燕召公世家》记燕哙让位于子之，即由误信许由之事。

若至近世至是邪非邪

大父曰："'非公正'二句，自寓为李陵遭刑意。"又曰："此段以夷、齐为善人而穷饿，疑天道不足凭，亦世俗之论，史公借以作波澜。"

疏曰：疑自"天道无亲"至"胜数也"，乃或人语，"余甚惑焉"以下乃史公语。此从伯夷、颜子发论，就俗说言"饿死"，非真以为不食周粟而饿死。《苏秦传》载苏秦说伯夷不肯臣武王而饿死，本非史公语。《游侠传》言伯夷丑周，饿死首阳，则又述鄙人言也。史公自寓身世，书中往往有之，然非全部宗旨。后世竟认全书为牢骚则非。

子曰道不同至若此哉

大父曰："'志'字重看，知轻重，则知天道而不怨。"

疏曰：此足见史公议论虽激昂，而仍归于正。

君子疾没世至后世哉

大父曰："名湮没，不能为之作传，慨立名者之难，正为伯夷幸。"

又曰："此段仍以孔子之记作传，见圣人不以遇之困，改其德之贞。夷、齐虽不遇于当世，经孔子论定而终显。砥行立名者，当卓然自命，安知世无如孔子者表而出之。"

疏曰：借伯夷之饿，以疑天道，仍归于重道从志，而终以垂名，明乎己之百三十篇，乃以发潜德而雪其诬。如伯夷者，幸遭孔子论定，犹受诬谤，其他受诬及湮灭者何限，此思古之幽情也！史公《自序》及《与任安书》皆以"述往事，思来者"为全书宗旨。此篇之义，即所谓"述往思来"也。伯夷遭诬，竟因夫子而彰，则又隐然自命，以继孔子，而表章古之仁圣贤人也。此《自序》所以述《春秋》也，特举伯夷，而其余篇之表章古人可推。伯夷遭诬，而得据孔子之言以辨正，其他未遭诬，与经孔子论定者，亦可推矣。若《索隐》谓"疾没世"乃以明己之著书，亦是疾名不称，引"同明相照"云云，乃明己之遭非罪，与伯夷同类。《正义》谓引"同明相照"云云，乃明己著书而万物睹。此皆不顾文义，而横生支凿者也。

大父总评曰："伯夷让国事实，叩马而谏，耻食周粟，则流传之误。太史公特以孔子为凭，为之作传。开端即言'考信《六艺》'，当以孔子为宗，若许由、随、光让天下之事，孔子未言，即不敢信。若伯夷为古之贤人，孔子所言，当信孔子，不当信轶《诗》。但伯夷操行甚高，不免穷饿，殊为可悲。然经夫子论定，而终显于世，亦足慰矣。不得以为善无报，遂至甘如盗跖，因叹世不乏砥行立名之士，不得圣人品题，遂为流俗所淹没。若伯夷非孔子评定，太史公亦无从为之作传，则附青云而显者，良有厚幸。此通篇大意。向来读者不得其文义，而至以史公所疑据为实事，叩马而谏，耻食周粟，数千年以来，讹以传讹。由于未解史公之意，文士又以其文法离奇，不当节节求其贯通，尤属瞢瞢。"

咸炘谨按：此篇大义，沈晦久矣。史公为纪传，开山此篇，为列传之首，此而不明，何取纷纷言史法哉？实斋精于马、班，而于此篇亦未详说，吾祖乃发明之，吾合以实斋之说，"圆神"大体，粲然无疑，因详疏先说以示初学，为读史之阶。文繁不节，不厌详也。

又按：叩马、饿死之事，史公特举驳之，而后世犹沿其说，亦有辨正者，始于郭象《庄子注》①。《庄子·让王篇》载二子非武王，北行至首阳之山，遂饿而死焉。《注》曰："《论语》曰'饿于首阳之下'，不言其死也。而此云死焉，亦欲明其守饿以终，未必饿死也。"此已知饿，不必死，但尚未明非武王之诬。王介甫《伯夷论》②首辨叩马之说，近世辨论，莫

---

① 郭象《庄子注》：郭象（252—312），西晋洛阳人。字子玄。其著作《庄子注》总结魏晋数十家之研究成果，使庄学成为显学，又将《庄子》文本校正成流传至今的定本。

② 王介甫《伯夷论》：王安石之作。《伯夷论》安石（1021—1086），北宋临川（今属江西抚州）人，字介甫，号半山。其《伯夷论》认为伯夷不可能在武王伐纣时叩马而谏："夫商衰而纣以不仁残天下，天下孰不病纣？而尤者，伯夷也。尝与太公闻西伯善养老，则欲往归焉。当是之时，欲夷纣者，二人之心岂有异邪？及武王一奋，太公相之，遂出元元于涂炭之中，伯夷乃不与，何哉？盖二老，所谓天下之大老，行年八十余，而春秋固已高矣。自海滨而趋文王之都，计亦数千里之远，文王之兴以至武王之世，岁亦不下十数，岂伯夷欲归西伯而志不遂，乃死于北海邪？抑来而死于道路邪？抑其至文王之都而不足以及武王之世而死邪？如是而言伯夷，其亦理有不存者也。"

详于崔述①、梁玉绳，而王筠《说文句读》②"嵎"字注最简明。略曰："伯夷就养西伯途中，偶乏资用耳。《论语》但言饿，则夷、齐当是考终命，不由饿而死。太史公曰'怨邪非邪'，已将'传曰'一段扫除净尽。郳书燕说，皆由误读《伯夷列传》致然。"此独据史为说，与大父符契。《论语》本谓饿而民称可异，若饿死，而民称岂不尤可异? 孔子当直言饿死，何为减省一字邪?

俞理初正燮甚工考据，而过信古书，无所别择，正与史公相反。其《读伯夷列传书后》广征杂说，必以叩马饿死为真。其说曰："伯夷，孔子所称，宜立传文。或伯夷事史官不详，而《论语》云'民到于今称之'，故采民间所说著于篇。其人见《六艺》，即为考信，而特表之以其'传曰'，此变例也。史公以伯夷为孔子论许，得仁不怨，其名益显，民间所称说者，又未尝不怨，舍所称，无以为传，其怨又未尝违理。孔子言不怨，兄弟间事也; 不怨，仁也。其传言怨，君臣间事也，怨亦仁也"云云，此说岂复与本文相合邪? 谓出轶《诗》为见《六艺》，已谬。既谓见《六艺》，而又以"传曰"为史公之传，"民间所称"，史公曷尝言"民间所称"，民间所称，何可为信? 又何可当《六艺》，此非自相矛盾乎? 果怨、不怨皆仁，史公何不分别申明，而但言"怨邪非邪"? 细读正文，知理初之凿强矣。至其所征引言叩马者，如《庄子》《让王》、《盗跖》本出其徒，

① 崔述（1739—1816）：清直隶大名府魏县（今属河北邯郸）人，字武承，号东壁。学问以辨伪著称，门人汇刻为《东壁遗书》，内以《考信录》三十二卷最为引人注目。《考信录》以司马迁"载籍极博，犹考信于六艺"之意为书名。此处所引述自《丰镐考信录》卷八"辟纣与扣马理无两是"一节，赞同王安石之说，谓："天下之是非一而已矣，此是则彼非，此非则彼是，无两是之理也。……战国以降，地丑德齐，各以力争，为君者各树私恩以结其士，为士者各怀私恩以报其君，而不复顾天下之大义，于是各为其主之说始兴……故伯夷之扣马果是，则殷、纣之虐民无讥; 苟武王之救民不非，则伯夷之圣，安得有扣马之事哉! 且伯夷固尝辟纣而居北海以待天下之清者也，欲天下之清，必无纣而后可; 欲无纣，必有人伐之而后可。纣死既不可待，纣让又必不能，不伐之，无策也。既不欲有纣，而又不欲人伐之，然则伯夷之心将令如何而后可也? ……伯夷既自辟纣矣，则人之欲辟纣而不能者，必伯夷之所哀怜而欲救之者也。若但自免其身而已，人之不能免者己不能救而又禁人救之，是伯夷但知有己，不知有人也，恶足以为圣哉! 然则叩马信则辟纣必诬，辟纣信则叩马之诬，《孟子》与《史记》亦无两皆是之理也。……太史公习闻其说，不察其妄而误采之耳。王氏之辨是也。"

② 王筠《说文句读》：王筠采撷段玉裁《说文解字注》等文字学大家之作，辨其正误，删繁举要，参以己意，集语言文字大成之作，"以便初学诵习，故名之曰《句读》"，共二十卷。王筠（1784—1854），字贯山，号篆友，山东安丘县（今属山东潍坊）人。此处所引自其"嵎"字注，曰："段玉裁《说文解字注》谓：嵎，首嵎山也。在辽西。各本无'首'字。今依《玉篇》及《伯夷列传·正义》、《王贡两龚鲍传》注所引正。《地理志》：'辽西郡令支有孤竹城。'《郡国志》同。应劭曰：故伯夷国。按许意首嵎山即伯夷、叔齐饿于首阳之下也。"

而《盗跖篇》言辞孤竹之君而饿死，又不言叩马。若《吕氏春秋》、《韩非》本是杂说，《韩非》则谓武王让以天下而不受，死以将军葬。周时，安有"将军"之称？史公正见此等纷杂，而特辨正。以此等驳《史》尚不可，况以证《史》乎？若《左传》言"武王克商，义士非之"语，本不可信，且未言伯夷。《管子·制分篇》言"夷、齐非死之日而有名"。《曾子·制言篇》言"夷、齐死于沟浍之间，其仁成名于天下"。此皆言死而有名，不言叩马，不言饿死，何足为证？理初谓《曾子》言夷、齐穷饿死，已为武断，且与叩马何干？至于所引《论语义疏》、《古史考》、《三秦记》、《列士传》、《金楼子》、《类林》、《楚辞·天问注》所说《采薇》惭女之事，则又汉后附会，言人人殊，尤不足为证。理初所据，不过如此，而乃毅然断之曰："谏不能，必去，去则不食其禄，老贫入首阳，焉得不饿，饿，焉得不死？何谓孔孟不言夷、齐死？"此则痴语可笑矣！必不食禄，乃饿邪；饿者必死邪？吾恐学者震于理初之名，因附辨之，亦示古书言饿死者，已尽在此。后世有欲求新异，翻此案者，亦可已矣。

是篇已成，始知近儒方楘如①谓：自来论伯夷事者，皆误读《史记》。作《伯夷列传解》。检《国朝文征》，果得之，录附于下。其文曰：

> 与其书不能读，即赞与谤胥失之。吾见若读《伯夷传》而赞者矣，以为神鬼出没，风雨合离，使人不可捉搦②，而不知其文之进退，一成规，一成矩也。其谤者则谓怨气满腹，与吾夫子"何怨"一语背而驰，而不知其自为客主，四五复之，凡皆为《论语义疏》也。发首曰"学者载籍极博，犹考信于六艺"。呜呼，尽之矣，《六艺》者，《六经》也，下所云《诗》、《书》，及虞夏之文是也。"考信于《六艺》"，则非《六艺》，何信之有？故其述由、光事曰"何以称焉？"曰"何"哉，疑之也。一以其戾于虞夏之文而疑，一以其不为孔子序列而疑也。孔子者，《六艺》之所折衷也。本以由、光起伯夷，而反以孔子之序列伯夷，形由、光以楔出。楔，文章之法也，于是遂及夷、齐，及夷、齐，而先列孔子之称夷、齐以为断，乃次轶《诗》，而及

___

① 方楘如：生卒年不详，清康乾间淳安赋溪（今属浙江淳安）人，字若文，一字文辀，号朴山。与秀水朱彝尊和桐城方苞等相往还。著有《周易通义》、《尚书通义》、《毛诗通义》、《集虚斋学古文》、《离骚经解》、《朴山存稿》、《朴山续稿》等。

② 搦：沪本作"摸"。

传。其"传"者，轶《诗》本传云尔，非太史之为之也，而曰"可异焉"，则亦疑之也。疑亦将遂不信有让国饿死事与，非然也。末世争利，维彼奔义，让国饿死，天[1]下称之。《太史公自序》言之矣，奚为而不信？所疑者，独《采薇》之诗尔。子曰"又何怨"，曰"怨是用希"，而轶《诗》乃尔。乃尔者，"非怨邪"，可疑也。抑孔子尝删诗矣，既以夷、齐为古贤人，顾编《诗》不收入者何故？曰睹轶《诗》"可异焉"，疑其诗，疑其轶也，则犹是考信于《六艺》之说也。然且有送难如或人者，视天梦梦，如此种种，夷、齐固有怨，理复奚疑？虽然，非其志也，无以断之，终以孔子之言断之。孔子言"从吾所好"，言"岁寒后凋"。使轶《诗》可信，则夷、齐为无从颂而死，匪从所好，而与松柏之性异矣，岂曰能"贤"？是故群言殽乱衷诸圣，"圣人作，万物睹"也。夷、齐不得孔子，则传闻异词，政复与"没世不称者"何异？颜渊遇孔子，故"显岩穴之士"。不遇孔子，故湮，非湮也，盖传之非其真也。然则士有孔子，垂《六艺》之统纪于后世，乃所谓披云雾睹青天者，考信将舍是焉安之？故曰"非附青云之士，恶能施于后世"，而篇以终焉。而自新都杨氏外，率如盲人瞎马，彼无异故，凡于中权"余甚惑焉"一语，铸成错耳，不知自"是邪非邪"以上，皆太史公设为或人难端。所谓"余"者，代或人。自"余焉耳"其下，则史公之折之也。循首讫尾，熟之，复之，定当拊手曰解。

按：方氏此说甚畅，惟说"从吾所好"以下伤凿耳。

归曰："本纪、世家、列传后皆有论，惟《伯夷》、《孟荀》合传，与论为一，故无后论。"按：此瘤谬之论也。《史公书》各篇皆本为一篇，无论名，后人妄提行立名耳。茅坤乃谓以议论叙事，传之变体。夫列传自此篇始，始即变邪？非此说者，又谓其"传曰"一段为正传，则又不明文义之言矣。

管晏列传

唐顺之曰："太史公作春秋战国人列传，颇甚阔略，盖本书所自

---

① 天：沪本作"在"。

载，与载之《左传》、《国策》中凡盛行于世者皆不论也。"

柯氏曰："古之贤人君子众矣，太史公列传独有伯夷，春秋列国大夫如展蘷、叔向、季札诸贤皆不得录，乃次及管晏，何哉？太史因言得罪，殆所谓非公正不发愤而遇祸灾者，与'洁行饿死'者同乎？"

舒雅曰："太史以李陵故被刑，而生平交游故旧，无能如晏子赎石父者。"

按：唐说是；柯、舒说非也。上篇举《尚书》外之轶事，此篇举《春秋传》外之轶事，凡三代、春秋时之轶事，为《尚书》与《左传》所不载者，皆视此矣。《尚书》、《春秋传》所载，则不必更著矣，此《自序》所谓"拾遗补艺"也。后儒议史公传多遗漏。《史通·人物篇》及梁氏《志疑》，历举《尚书》、《春秋传》中名人，谓某不当遗，某不当遗，皆痴论也。古书经典外，惟传记与诸子二者相出入。子书始于战国，春秋时无之，而世传有《管子》、《晏子》书者，齐人所为也。《孟子》谓齐人惟知管、晏，盖道、法、兵家托于管，儒、墨家托于晏。史公整齐百家杂语，而首举管、晏以示例，岂无因哉？世儒止见鲍叔、越石事相类，以为史公抒慨，浅矣①。《史通》谓管、晏书当取，已驳于《史通驳议》。或谓此篇详小略大，开后世别传体，尤妄。

管仲曰吾始困时云云

方曰："管仲之功，焜耀史籍，于本传叙列，则赘矣。其微时事，则以称鲍叔者见之，此虚实详略之法也。"按：谓借称鲍叔语见其微时尚可，若谓焜耀史册，叙之为赘，则自五帝至项、刘之事，孰非焜耀史册，皆不应书邪？不知太史续经之意，所以妄为之词。

故其称曰云

方曰："其书不可多载，故揭其指要。"

其为政也云云

方曰："其事人所共知，故著其权略。"

---

① 史公抒慨浅矣：《管晏列传》，寄寓史公抒慨，亦一主旨。刘咸炘氏"浅矣"之说，一家言也。

晏平仲

方曰："晏子之事，亦人所共知，故本传不复叙列，与管仲同，而总论其为人，即于序次其显名诸侯见之，与管仲异，此章法之变化也。"

越石父贤云云

方曰："于《管仲传》叙鲍叔能知其贤，于《晏子传》举其能知越石父，及御者三归反坫，正与'食不重肉、衣不重帛'反对。观此可知文之义法，无微而不具也。"按：此说不可泥。史家不能以事就文，其事自相应，非史家故为之。方评每涉此嫌，决不可信。

梁曰："《晏子春秋·杂篇》载此事，与此文小异。但下文曰'其书不论，论其轶事'，则石父事不在《晏子春秋》中，后人集录而异其词也。"按：管同①即据此，谓今本《晏子春秋》为伪，黄以周②据刘向《叙录》"《太史书》五篇"，谓史公止见五篇，本无此事，其说至精。吾昔疑《晏子春秋》所载事多出传外，何但记石父及御者事，今乃知史公固掇《晏子春秋》外之事，而仅得此耳。王氏以为史公微意有在，凿矣。

此篇虚述，自是体宜。而后人乃以为正格，唐顺之谓欧公志、铭文字，多用此法。夫史贵质直，铭贵温润，史不厌详而质，铭则取约而华，二体本异。以此法为传犹不可，况以为志、铭？此乃欧公见识不足处，而后人乃争推之，以为正宗，何邪？

老子韩非列传

道家、法家，一张一弛，后来治术，莫能外焉，此篇之旨也。《史》之合传，本非如《九等人表》之同格，一篇之中，自有高下，后人乃误认耳。《史》自以源流论，流失，不得咎源。道流为法，初同终反，说已详

---

① 管同（1780—1831）：近代江宁上元（今属南京）人，字异之。道光五年（1825）中举人，入安徽巡抚邓廷桢幕。著有《抱膝轩记》。其《因寄轩文集》谓："吾谓汉人所言《晏子春秋》不传久矣，世所有者，后人伪为者耳……其文浅薄过甚，其诸六朝后人为之欤？"

② 黄以周（1828—1899）：清定海（今属浙江舟山）人，字元同，号儆季，又号哉生。他搜集汉至清代典章制度，撰《礼书通故》一百卷，又有《子思子辑解》、《军礼司马法》、《经训比义》、《儆季杂著》。他认为：楚之灭越，"当在周赧王八年，为楚之怀王之二十二年"，即公元前307年。

于《子疏》。以老、韩为同者，不明诸子之言，自王俭[①]以来，恨老、韩同传为卑老，唐人竟移之伯夷之前，宋以来人则又以卑老为史公特识，皆各自遂其私见耳。且史公家学本道家，又深恶刑名，彼岂以老、韩等视哉！

　　方曰："始详其国邑、乡里、姓氏、名字、谥爵、职守，终及其子孙云初、封爵、时代、居国，盖以世传老为神仙幻怪之流，故详之以见其不然。"

莫知其所终

　　方曰："老子本以周衰，隐身远去，莫知所终，故世人遂以为神仙。"

　　方曰："前言老莱子与孔子同时，后言太史儋后孔子百二十九年，乃中间入老子年数，盖谓老子隐去其年寿所极，世人亦莫知其真，故与老莱子、太史儋相混也。又老莱子与老子同时同国，而著书言道家之用，周太史儋与老子同官同嫌名，而号前知，故其传与老子相混，而太史公正言老子为'隐君子'，所以破众说之荒怪，具见老莱子与儋别为二人也。"

　　按：史公于此本未能决，故文义迷离。

李耳无为自化二句

董份曰："先缀数语以赞老子，亦变体。"方曰："言著书者，乃李耳，非老莱、太史儋。"按：梁引万承苍说，此二句乃叙传中语误入是也。

自孔子死之后云云

此明孔子没后，儒、道二家乃相攻，以前不然。

独载《说难》而不载申、韩之说者，以其世所多有，独悲韩不能自脱耳。末数语极分明。王氏乃谓申子文不高，故弃之，又谓载《说难》过多。夫史备学术，岂论文之高不高。桐城家读书，不离文士之见，如此取《说难》，正足见游士之术耳。

　　吴汝纶曰："此篇以自隐无名为主，老子所以犹龙也。庄子得之，申、

————————

　　① 王俭（452—489）：南朝齐琅邪临沂（今属山东）人，字仲宝。他校勘古籍，依刘歆《七略》，撰《七志》四十卷，还著有《王文宪集》。

韩失之。"按：吴评每篇必云某义为主，本无谓，今悉不录。若此语，其迂凿尤显，故著之，余多此类，不具出也。

司马穰苴列传

孙子吴起列传

以上四篇，皆叙录诸子，皆云"其书弗论"，章实斋所谓启《别录》之法者也。

伍子胥列传

当是时吴以伍子胥至孔子相鲁

方曰："荆蛮、吴、越更强，齐晋霸统并绝，惜鲁用孔子而不终也。"

王曰："《论》语跌宕，揭出通篇趣旨，史公于子胥，盖心悲之。篇中所载，多有与《吴楚世家》复者，岂不如是，则情事不出邪？"

仲尼弟子列传

首段掇拾《论语》，不足该诸子。所举严事、称道，亦有遗漏，盖但据《大戴记·将军文子篇》也。

史公自谓悉取《论语·弟子问》，然实多漏。问语及孔子告诸子语，不足见诸子生平，而采之复未尽，若诸子嘉言及言志语，乃足传诸子者，顾采有子语，而不采子夏、子张语，叙曾皙言志，而不叙冉有、公西华言志，又叙商瞿之传《易》，而不叙子夏之传《诗》、《礼》、《春秋》，凡皆见其疏略。盖止粗撮大概耳，独仲由事详备。

> 梁曰："弟子先后，当依《论语》。或以齿叙，如子路、曾皙、冉有、公西华是也；或以德叙，如颜渊、季路侍是也，史殊错杂。"

按：此论是也。曾皙何以不著曾子之父？皙、路何以在子渊、子舆之后？子虽齐圣，不先父食，曾谓孔门弟子籍乃如此乎？设曰弟子籍以受业先后为序，则颜、路、曾皙之受业，岂后于其子邪？以是知所据未必真孔子元①本也。以德序，固不易品第，以齿序，乃善耳。

曾子事太略，司马牛不载其忧，高子羔不载孝行，皆非表章之义。乃载子路"何必读书"之语，此何关于子羔？公西华之长于相礼，明见《论语》、《大戴礼》；樊迟、冉求能执干戈，具见《左传》，乃均不载，太粗略矣。

梁玉绳谓《子贡传》独榛芜不休，疑后人阑入。吴汝纶亦谓其与前后不一律，与赞言"取《论语》"不合，当是褚补。皆非也，说详下条。

太史公曰段

王若虚曰："迁所引杂说鄙事，有不足信矣，又岂皆《论语》之所载也。"按：战国人说诸子，本多附会，然据《论语》一二语以断诸子生平，亦易失真。且此篇所掇，增益于《论语》外者，正是过实之言。如子路"好勇"，宰我、子贡"利口"，子贡说齐宰我党田，"以貌取人"之说，"贫也非病"之惭，皆出战国诬说。有若之事，尤为怪妄，与《孟子》不合甚明。说齐党田，昔人已辨。"以貌取人"，与《家语》歧异，且"于予改"是一时之语，非终身定论也。子贡既闻性道，岂犹以富贵骄故人？惟子路之死，宓子之治，差当于理，然述子路语已失真。史公志在整齐，而力不克副，于此篇尤显。至于"未睹容貌"一语，容貌者，状也，言未亲见其事状耳。王、梁、崔适皆以"以貌取人"讥之，则不明古语耳。

商君列传

梁曰："商君，爵号也，似失史法。"按：此拘论也。爵不可称，绛侯、淮阴侯、李将军何也？

方曰："管子治齐、萧何定律，皆略不具，而独详记商君之法者，盖王道所由以灭熄也。"按：变法始末，本《商君书》所不详。

而令民父子兄弟同室内息者为禁云云

王曰："记商君法但此数语，与前令民为什伍，百余言耳。简而有详，他人屡幅所不能尽。"

---

① 元：沪本作"原"。按：本书"原"字皆作"元"。

今君之见秦王也云云

王曰："此传鞅之恶迹，尽从赵良口中叙出，又是一法。"

非其质矣

质，诚也，非诚帝王之术也。

苏秦列传

张仪列传

尚镕谓："鞅变法而秦强，六国始畏秦，乃有纵横，故次此。"此说亦可通。然诸传自以时序，不可概以义推也，尚氏多强说次序，今不取。

姚氏曰："苏张之说，多非当日本词，为纵横学者为之耳。"按：此说是。二人说辞，以时事考之多牴牾，皆此故也。

太史公曰段

苏究是为六国谋公益，差胜于张，故史公言"毋令苏秦独蒙恶声"，而贬张仪。又谓两人皆倾危之士，论至平允。曾国藩《读书录》曰：观"次其时序"一语，知当时有非苏秦时事而附之于秦者。班固次《东方朔传》，旨意亦颇类此。

樗里子甘茂列传

苏、张外，战国策士多矣，见于《国策》者，多不列传，独列此二人者，以继张仪相秦，亦以《秦记》独存，始末可考耳。篇中所载，自《国策》外，盖皆出《秦记》。然《秦记》仍略，故并樗里子卒葬亦书之，此本无关系，特旁考仅此，过而存之耳。归氏密圈之，盖以为闲情逸致，古文家之僻谬如是。

穰侯列传

王曰："穰侯事大都备于《范雎传》中，此止点次其出身、历官，以须贾说词、苏代书两篇生色。"按：出身、历官盖亦出《秦记》，如王说，则此传可不立矣。韩非言秦用商鞅，徒法无术，富强资人臣，然秦亦以相权重而强，如穰侯是也。

白起王翦列传

此及上二传，秦之智士功臣武将也。秦之得天下，此数人之力，故连属之，《自序》已言。尚镕谓"范雎代穰侯相，无攻取之功，且害白起，于是并六国，又待李斯、王翦，此传次穰侯，意甚微"，亦是。

《白起传》末载"我固当死"之言，以见杀降之祸，《王翦传》末著"三世必败"之论，以见多杀之祸，皆以戒为将者也，与《陈平传》同。此乃史公黄老之学。

孟子荀卿列传

梁谓此当列《仲尼弟子》之后，非也。《仲尼弟子》后便序秦臣，然后叙诸国人物，而以此篇冠之也。

战国诸子讲学著书，始盛于稷下诸人，亦惟稷下为成聚，余皆其流裔。此篇即综述此，而冠之以孟，终之以荀。末公孙龙，至吁子及墨子，则不在稷下中，故附于末，不啻诸子总传也。老、庄、申、韩、商鞅、孙、吴、穰苴，则已别为传矣，不知稷下之重，则不明此篇叙次之意。

宋黄震《日钞》谓传淳于髡诸子于孟、荀之间者，所以表孟、荀也。陈仁子则谓汉初不知尊孟子，迁以孟、荀同传已不伦，而更以邹子、淳于髡等实之，何卑孟邪？程氏《读史偶见》曰："此传专为孟子作，举陈、蔡之厄，比齐、梁之困，旁及诸子，牵连书之。荀卿亦附见。传目孟、荀并列，或后人加。"按：陈说固谬，程说亦似是而非。尊孟有之，非专为孟子作也。后人陋见，谓立传是褒，又概谓诸子不足道，故有此谬说耳。尚镕竟谓此篇前为《孟传》，后为《荀传》，中间诸子，皆是带叙，此皆由不知《史》之一篇乃书一事，篇中诸人，无主附之分。篇题举其著者，亦非区别主附。后人乃以命题作文法规之耳。

黄淳耀《论略》曰："汉人以孔、墨并称，而孟子者，当时与说士并称者也。太史公出，孔子之道始独尊，而孟子始得以继孔矣。此传始孟子，终荀卿，中三邹、淳于、慎到之徒错见焉。而其传，则以孟荀立名。孟荀虽并称，而首引孟子对梁王者，且以'夫子罕言利'为比。又云'述三代之德，是所如不合'。述仲尼之意，作《七篇》，则孟子之源流皦然，而此传之为尊孟而作无疑矣。其下述邹衍为时王所尊，以见孟子所如不合，因复以仲尼之困为比。下接淳于髡数子之学术，见时所尊尚不过此类，而以荀卿终之。荀虽非孟比，然与邹衍等相反，已绌废死矣。"

按：方氏书后、王氏《评》皆谓独尊孟子自史公始，而说不如黄氏之畅。前后论者甚多，皆不出此。此篇意旨，在以孟继孔，而奉孟以敌孙、吴、田、商、邹、淳于诸人。其结构，则以孟、荀为始终，线索固皆甚明。然若谓专为孟、荀作，诸人皆不足传，则非也。

茅坤曰："太史公传诸子多草草，以不得于诸子所自为之说故也。"按：此说甚卓。太史论老、庄、申、韩甚精，余家则未能综括。盖当时诸子书犹未备出，而史公又未及一一细究也。

首段特表孟子"义利之辨"，此特识也。先提孟子之"不言利"，见其不放利苟合，与诸子大不同。欲辨诸子之非，必奉孟子为准，而其大别在义利。唐氏、姚氏移首段于末，乃妄分传、论之陋。

其游诸侯_至可胜道哉

黄曰："'或曰'一段非美邹衍也。太史公称'或曰'者，皆甚不然之辞，观《封禅书》及他传中可见。盖当时之称邹衍其论云云尔。"

王曰："纯乎捱损之词，于此可悟抑扬反复，《史》文妙处，不然，岂以邹衍为孔、孟弗如也。又借'或言'以申异说，而不为正言以折之，覆以'以干世主'，'岂可胜道'，乃所谓微言也，而大义存焉矣。"

按："岂与"句抑扬易见，《游侠传》亦如是。后人误解。至"牛鼎"一说，黄说固是。太史公书之"或曰"固非其本旨，亦非皆甚不然。此说未为无理，故兼存之耳。"岂可胜道"，亦非贬辞，史公意不若后人之严刻也。

归曰："'荀卿'下'盖墨翟'四句，因上言荀子推儒、墨道德之意而申言之，又隐然见孔子之与墨，犹孟之与荀也。"

方氏书后曰："序荀卿于衍、奭诸人后者，非独以时相次，卿之学虽不能无驳，而著书则非以干世，所以别之于衍、奭也。"

王曰："史公独尊孟子，夷荀卿与三邹、淳于诸子并称，直揭之曰推儒、墨道德之行事，然则其术杂于异端明矣。归评正得其意。"

按：归说固凿而不通，方亦过于深求。荀固不同衍、奭，然非不干时也。王氏所言则愈妄。荀乃极非道家，显斥墨学者也。推者，推论也，非宗其说也。诸公皆不读子书，故影响逞臆耳。

方曰："篇终著墨子之地与时，而不一言其道术，盖世以儒、墨并称久矣，其传已见荀卿所序列，而不必列详也。"

按：此节本史公附书率略未完之语，墨子书具存，何赖荀卿序列邪？然则荀亦尝序儒与道，《老》、《孔》二传，亦可删减矣乎？

孟尝君列传

梁曰："四公子实当以信陵居首。"按：此乃后人褒贬之论，传次非褒贬也。尚镕谓四君好士，沿稷下之风，以明次此之意，亦通。

田婴者段
方曰："田婴事多见《田齐世家》，而复详著之，终伤于繁。"

初冯驩段
王曰："亦稍繁矣。"

太史公曰段
论颇不满孟尝。后世学者多过推孟尝于奔魏之事，必以《史记》为误而辨护之，殊可不必。

平原君虞卿列传

《汉书·迁传·叙目》，此在《孟尝传》上。

虞卿事亦姑附此耳，非有深意也。末详具《春秋》者，明家法也。

庸夫且知二句

王曰："盖悲其不幸。"

然虞卿非穷愁云云

梁曰："虞卿尝再相赵，则其著书非穷愁之故。"按：此说可怪，尝为相，即定不致穷愁邪？

魏公子列传

顾璘[1]曰："独曰'公子'者，盖尊之以国系也。"何曰："独书'魏公子'，以其为国存亡所系。"按：此二说亦凿，观传文，乃当时本称之如是耳。

公子遂将晋鄙军段

王曰："却秦存赵，才数语耳，此《史》所以为洁。茅坤谓详在公子所以待士，略在秦军所以却，是也。"按：此说亦非。盖原本自如是耳，使此战有详情可书，安得省之。凡归、方、王氏言史公独书某事者，细审多无义可说。盖史公所采事本止此，非特有去取。其特有去取者，固自著之矣，如《留侯世家》、《苏秦传》，周末诸子诸列传是也，余皆未可强说。

其后秦稍蚕食魏二句

唐顺之曰："以魏亡系《信陵传》，见信陵系国之存亡。"

春申君列传

范雎蔡泽列传

垂功于天下者

梁曰："雎、泽无分寸功，而云'功垂天下'，何哉？"按：此从当时

① 顾璘（1476—1545）：明长洲（今属江苏苏州）人，寓居上元（今属江苏南京），字华玉，号东桥居士。著有《浮湘集》、《山中集》、《息园诗文稿》等。评注杨士弘《唐音》。《史记会注考证》所引顾璘曰："孟尝、平原、春申皆以封邑系，此独曰公子者，盖尊之以国系也。"

之言耳，非果褒之。

乐毅列传

尚曰："毅行事独近正，迁盖重尔①为人"。

方曰："详其前后世系，因以为章法。"按：此说亦非。乐氏世系，自可考，他人自不可考。可考自当书，无关章法。

太史公曰段

杨慎曰："赞及《老子传》授次第，太史公之学本老子。"茅坤曰："'乐臣公'以下，太史公以文为戏处，然亦太史好黄老本旨。"按：谓特著道家传授是也，谓戏则非。

廉颇蔺相如传

茅曰："两人为一传，中复附赵奢，已而复缀以李牧，为四人传。详太史公次四人线索，知赵之兴亡。"

余有丁曰："此传叙赵之存亡，系相如、颇、牧之去留死生，故言李牧诛及王迁虏以终。"

尚曰："赵以廉、蔺、赵、李为存亡，故合传。"

按：三说皆是。此《赵世家》之纬也，于此可知列传非以人为主矣。乃茅氏又谓："'自邯郸围解五年'以下，廉颇本末当入《廉颇传》，而顾入《赵奢传》者，依赵任将次第。前廉、蔺二人为一传，故不及并入。"余氏又谓"奢、括名将，又括代颇，故附入《颇传》"，此则谬矣。本是一篇，本不当划分为《颇传》、《奢传》，何云并附也？苏洵《史论》谓迁传廉颇，议救阏与之失不载，而见之《赵奢传》为与善隐恶，说本谬误。而于一篇之中，强分二传，则与茅、余同，盖皆狃于后史行状墓志之体，及刻本之提行耳。

尚曰："廉、蔺功尤伟，故以统赵、李。"

曾国藩《读书录》曰："颇功最多，而子长最仰相如，赞中专美

---

① 尔：沪本作"其"。

之，故以名篇。"

按：此说亦非也。《史》篇题名，本不求备，无关轻重。

方曰："赵奢、李牧将略，及赵括之败，具详始末。假而牧再破秦，颇破齐、燕，复一一叙列，则语芜而气漫矣。变化无方，各有义法，此《史》之所以能洁也。"

其明年，赵乃以李牧为将，而攻燕云云

方曰："李牧显功赵边久矣，至此始书，以相如病，廉颇弃，赵奢死，所恃唯牧也。书赵奢破秦后，即具奢始末。书李牧攻燕后，乃详颇居楚、魏事者，牧诛而赵灭矣。更缀颇事于其后，则文气懈惰，故颇事既终而后著，牧之始迹焉。"

赵悼襄王元年云云

方曰："颇亡牧将事已见前，而后举之者，以为前后之关键兼著，颇既亡，而牧又不能自安，赵所以速亡也。"

王云："按他合传或自为始末，其伏应处一耳，唯此廉、蔺起即双提入，后奢、牧亦皆联缀而下，盖信诸合传之不可划分也。此传以廉颇为主，故起书廉颇数语即顿住，入后奢、牧传中，又每以颇为提缀。又此传数人皆一起，即先为断语，与他传略异。"

太史公曰段

茅氏、梁氏以论不及颇、牧为疏，岂知论本不以遍说为体邪？每人作数语，乃陈寿以降之陋耳。

田单列传

初淖齿至末

程氏谓当在"号曰安平君"下，非也。归、王皆以为附出，亦泥视后论之谬。先叙单事，随即论之，又书二事，皆传之正文，无所谓附。王曰："末载王蠋事，著齐之所以存，故与《单传》相附。"是也。

茅坤曰："七十传节义者，仅伯夷耳。若王蠋，则附见。岂数百年间，

义士忠臣凋丧至此邪？太史公所向慕者，在彼而不在此，故遂零落也。"
按：此说非也。春秋、战国死忠节者本少，观今存诸子传记所载可知。侠者伤勇之行，又不关大势，本不必备书，岂太史之疏忽乎？

鲁仲连邹阳列传

《索隐》谓："鲁、邹、屈、贾年代乖绝，当抽鲁连同田单、屈原与宋玉等为一传，邹阳与枚乘、贾生同传。"此说固拘浅，然此二人之所以合传，则诚不如屈、贾之易明。

  茅坤曰："邹阳本不足传，太史公特爱其文词，以附鲁连而并传，亦其草草处。"

  黄淳耀曰："史公以阳抗直不挠，不过指其末数语，篇中桀犬吠尧、跖客刺由，则以狗盗自比，不亦甚哉？以与鲁连同传，此史公之失也。"

  梁氏曰："二人无所谓类，或谓以排难之功，故同编而传，削救梁事，意不在斯。论云'附之列传'，附也，非合也，《序传》无片语及阳，更非合传也，篇题乃后人加，观《汉书·迁传》可证。"

  恽敬《大云山房集》曰："翕訾者据高位，愚贱者服先畮，天下之士，不能待死牖下，又不能通籍于天子之庭，则挟技以游于诸侯间耳。是故如仲连者，飘然远举，不受羁绁则可耳。不然，能不如邹阳之受祸哉？"尚镕袭此说，曰："迁意盖以士之怀才者，入①世只有两途，不能如仲连之轻富贵，则欲希荣而难免祸，大氐如邹阳耳。"

  曾国藩曰："仲连似非邹阳可拟，《上梁王书》亦无精义。子长特以书中有与己身相感触者，遂录存之。"

  吴汝纶曰："邹书能自脱于患，与鲁连能解围城类；负气不挠，亦与鲁连轻世肆志类。"

按：诸说皆似通，而实未可信。如梁说，何不他附而独附此？《序目》本多不周，《刺客传·序》但举曹、豫，亦可因而谓余人为附乎？如恽说，则苏秦、主父偃亦可合矣，何又不合？如曾说，止取有感，则何以必附于

----

  ① 入：沪本作"人"，恐误。

此？吾谓邹阳亦游士，而稍有气概，略似鲁连，史公偶连述之。后人视鲁连太高，遂觉其不伦耳。

其指意虽不合大义

> 梁曰："仲连不肯帝秦一节，政见大义，史公此语未当。"
> 王曰："按史传仲连非常俊伟，论乃谓其指意不合大义，何哉？"
> 西山真氏[①]曰："燕将坚守聊城，此人臣之节也。仲连道之反燕归齐，非可为训，此论得之。"

按：真氏谓"指意"句专指射燕将书一事，于《史》论本文未见其合。仲连不肯帝秦，语多据利害，故《序目》以为设诡说以齐威朝周为戒，以秦、魏各称王而帝秦为羞，曾无一言及周王，见存秦德不足代，非"指意"不合大义而何？岂得见其行是，而遂谓其言皆是乎？

屈原贾生列传

离骚者至争光可也

董份曰："此传大概汉武帝命淮南王安为原作者也，太史公全用其语，班固尝有论，见王逸《序注》中。"按：此说是也。此节本《离骚传》原文，后人不察，盛赞史公文妙矣。"虽放流"至"岂足福哉"，亦疑是《淮南语》。此篇叙事倒乱，不可考证，亦由此二段措置非所。盖是史公未定之稿，后世文家强谓文章变化，而大赞之，考据者则知其不合，为之移正，而终不可理也。

屈原至于江滨至以死

止取《渔父》、《怀沙》，乃剪裁之法。方曰："独存《怀沙》，著其处死之审。"

梁曰："不载《陈政事疏》，与《董仲舒传》不载《贤良策对》同，几

---

① 西山真氏：即真德秀（1178—1235），南宋福建浦城（今属福建）人，始字实夫，后更字景元，又更为希元，号西山，学者称"西山先生"。本姓慎，因避孝宗讳改姓真，有《真文忠公集》。此处引文见其《文章正宗》卷六："按鲁仲连之语，不皆粹以其反复言帝秦之害，有功于当时而雄俊明辩，可为论事之法，故取焉。"

等董、贾于马卿矣。舍经济而登词赋，毋乃失去取之义。"按：此说非也。史公于屈、贾，皆略叙谋略于前，而录赋于后。屈原谋略既无详书可载，故贾生亦略焉。录赋正以惜其不用，特表其志，非重词章也，自与传马卿殊。班氏掇取《新书》，以贾为汉世魁儒，特传详其说，可以详而详也。马则通史，于此等不能尽详，而此篇又专致悲忠贤之意，别识心裁，何可一概。凡马不载之文，班载之者，皆马体通史不能详，《班书》断代可以详。昔人多谓班载文过多为好文章，又或谓马不载，逊于班，皆谬论也。吾谓读《史公书》，须先将"黄帝以来，迄于麟止"八字熟记，诸论班马异同者，皆未熟记耳。

吕不韦列传

尚镕曰："昭王思并六国，而不韦已以暗移其祚。直书于史，见恃力者先亡。不然，何必为作专传？"按：此说非也。不韦于秦重，自当传。《史》止纪实，书此即为此，不为他端也。

始皇七年至当有万家邑

> 方曰："太后薨葬，本不应载《不韦传》，以太后有'后百年，旁当有万家邑'语，史公好奇，欲传之，而以入《秦本纪》，则无关体要，故因庄襄王之葬，牵连书之。而庄襄王之葬，所以见《不韦传》，又以后与庄襄合葬芷阳者，乃不韦姬也。此等只为文章波澜，据《史》法则不宜书。"

按：列传本不以一人为主，此传本是《秦本纪》之纬，连书自无妨。但此节细琐，正如《樗里传》所书，自是钞撮未及删耳。

太史公曰云云
王曰："论中诛嫪毐事，与传略殊，以入后论，又一法也。"

孔子之所闻者
梁曰："不韦乱民也，而以闻许之，岂因其著书乎？《黄氏日钞》、《经史问答》并言其误。"按：乱民何待言，《索隐》已明引《论语》为证[1]，何必致疑？此正谓其居之不疑，伪为好事，有文耳。其时不韦颇有名，故曰"闻"，观"相望于道以请之"可知。

刺客列传

王若虚曰："《史》之列传，或以善恶示劝戒，或以技能备见闻，至于《滑稽》、《游侠》、《刺客》之说，已无谓矣。《货殖》之事，特市井鄙人所为，何足以污编录？"

按：此言足为宋以后陋见之标，不破此陋，无以言《史》也。

梁曰："《史诠》谓《儒林》、《循吏》、《酷吏》、《刺客》、《游侠》、《佞幸》、《滑稽》、《医方》、《日者》、《龟策》、《货殖》，杂传也，以类相从，合在后。此说甚是。盖此十一传，当在《司马相如传》后，以《儒林》、《循吏》、《酷吏》、《货殖》、《刺客》、《游侠》、《滑稽》、《佞幸》、《医方》、《日者》、《龟策》为次。崔适曰：'后人所乱。'"

按：此说亦本王若虚陋谬习见，最为可恨。《史公书》仿《尚书》遗意，百三十篇，犹自著百三十篇《书》也，岂可以后世记注之法绳之？篇次相接，自有意旨，《序目》之设，正以防此，因事名篇，本无专传、汇传之分。故《扁鹊》、《仓公》不名《医方》，《孟荀》不名诸子，《张丞相传》不名丞相、御史大夫，《卫霍列传》不名将帅。纪传之书，创自史公，法由彼立，安得据后人之法以疑之？

此传次此者，此风盛于战国也。

方曰："观史公所增易，乃知《国策》之疏，《荆轲传》乃《史》所自作，编《国策》者取而删其首尾。后论自言得之公孙季功、董生所口道，则非战国旧闻明矣。"

按：今行《燕丹子》一篇，即论所谓太过皆非者也，《国策》之有此

---

① 《索隐》已明引《论语》为证：《史记》中华书局 1959 年标点本为《集解》引《论语》，而非《索隐》："夫闻也者，色取仁而行违，居之不疑，在邦必闻，在家必闻。"

事，殆刘子政取《史记》入之。

　　苏辙《古史》^①谓："五人皆盗，太史称之，失《春秋》之意。"《困学纪闻》载唐仲友说，谓："曹沫贼礼，专诸贼仁，聂政贼义，荆轲贼信，诸人不当列传，而嗟叹其志。"又谓："豫子烈士，置诸四子间，为薰莸同器。"《读史管见》^②、《黄氏日钞》并讥之^③。梁氏曰："刺客本不当列传，各附入世家可也。且表称聂为盗，足见书法，而称之不容口，何哉？况曹沫事之诬妄者乎？"按：刺客乃一风气，何可不书？世家体近本纪，安可书此等事？《越世家》附范蠡，本非体，史公于四人，亦止谓其志较然，未尝过誉之也。要之，《史》之列传，合叙诸人，乃以风习流品，事端相连，本非以邪正为叙。宋后儒者，以《九等人表》法议之，实无所当。此类甚多，今悉举而驳之。

其后百六十七年

　　归曰："纪年者，见刺客之不可多得也。"

　　凌稚隆曰："太史次《荆卿传》，先以盖聂、鲁句践之短卿者发端，而未复结以鲁句践之惜，其不满卿可见矣。"

李斯列传

　　归曰："赵高谋乱，入《李斯传》，以高之恶，斯成之，秦之亡，斯主之也。其始迹入《蒙恬传》，以蒙毅曾治高，当其罪死，而高因

---

　　① 苏辙《古史》：苏辙（1039—1112），北宋眉山（今属四川）人，字子由，一字同叔，晚号颍滨遗老。与父苏洵、兄苏轼并称"三苏"。苏辙以司马迁《史记》多不得圣人之意，"言马迁浅陋而不学，疏略而轻信"，乃承袭司马迁之书，著《古史》，上起伏羲、神农，下讫秦始皇，为《本纪》七、《世家》十六、《列传》三十七。自谓欲追录圣贤之遗意，以明示来世。《四库提要》评价说："平心而论，史至于司马迁，犹诗至于李、杜，书至于钟、王，画至于顾、陆，非可以一支一节比拟其长短者也。辙欲点定其书，殆不免于轻妄。"

　　② 《读史管见》：宋胡寅所作。胡寅号致堂，崇安（今属福建武夷山）人。此书乃谪居之时读司马光《资治通鉴》而作。《四库提要》评价说："寅作是书，因其父说，弥用严苛。大抵其论人也，人人责以孔、颜、思、孟；其论事也，事事绳以虞、夏、商、周。名为存天理，遏人欲，崇王道，贱霸功，而不近人情，不揆事势，卒至于窒碍而难行。"

　　③ 《黄氏日钞》并讥之：宋黄震《黄氏日钞》卷四六《史记·刺客》条云："太史公传曹沫、专诸、豫让、聂政、荆轲五人，谓介然不欺其志。愚谓，惟豫让为君报仇之志为可悲，余皆在愚杀身，非人情也。荆轲所交田光、高渐离之流多慷慨轻生，至今读《易水之歌》使人悲惋，轲视诸子材气殆优焉。虽然，果何哉？其所谓志而足称道哉？"

有此贼心也。"茅坤曰："传斯本末仅十之三，传高亡秦，特十之七八，以高乱由斯为之。读《李斯传》，不必读《秦纪》矣。"

按：此亦拘论也。《史》之列传，本不以人为主，此传乃《秦本纪》之纬耳。秦之兴亡，二人之力也，故合书之，不必题《斯高传》而后明也。若以后人之见观之，将讥史公不立《高传》为漏矣。夫岂知百三十篇，犹一篇哉！

首载见厕鼠而叹，中载贵显时置酒喟然而叹，为赵高所胁，仰天而叹。终以父子相哭，见游士崛起，干禄凭权，卒以贪权禄而败，诡遇骤陨，秦以前无此也，"古今之变"之一端也。

人皆以斯极忠至之异

言斯本志在干禄，败以怀禄，见厕鼠之叹，听赵高之叹，其本见矣。

不然，斯之功且与周召列矣

梁本王若虚说，谓："史公赞萧相国'与闳、散争烈'，赞绛侯云'伊、周何以加'，赞淮阴云'可以比周、召、太公'，已为儗于不伦。若李斯何人，乃赞其'功并周、召'，不亦悖乎？"

王曰："此抑损之词。"

按：正文明有"不然"字，梁何不睹邪？此言斯若不败，世且将比之周、召。凡史公以古王佐比论者，皆止言其功名。宋人视王佐乃甚高，以前不然也。

蒙恬列传

张耳陈馀列传

《索隐》谓张耳、吴芮当列世家，不知《史》本但举其大，若如其言，汉诸侯王列侯多矣，可尽世家邪？

韩广至燕以下

吴曰："此传本以张、陈为主，而详著韩广、李良事，以其与张、陈相类，又皆见利中变，与张、陈之交相发也，而其事又皆不可不见者。但他人记载如此之详，则未易使主客分明。"

按：此说非也。《史》虽以人题篇，实以事为主。《陈涉世家》叙所遣者多竟其事，直至景驹，不专叙涉，此传亦与彼同。此本《史》之常，不足为怪。后人视《史》传为行状、墓志，乃以为奇，而强分客主，实则《史》文本无所谓客主也。

所由殆与太伯、延陵季子异矣

梁谓儗于不伦。按：此明言耳、馀之交不知让、信，慨诸崛起豪杰之争利无、信。古人词宽缓固如是。

魏豹彭越列传

王曰："传中称越、称梁王、称彭王，各有所宜。"按：封梁称梁王，削爵称彭王，然亦偶尔，他篇不皆如是。

彼无异故至不辞云云

此明崛起者皆逞才乘势，固不择于名义也，王氏以为呜咽，何邪？

黥布列传

《史通·称谓篇》曰："英布而曰黥布，赵佗而曰尉佗，取叶随时，不藉稽古。"按：此说是也。梁氏则必规以后世称名之一律矣。
别为传者，项羽大将，系楚汉之成败也。

太史公曰至何其拔兴之暴也

与《项羽纪》同义。

淮阴侯列传

梁曰："《迁传》'侯'下有'韩信'二字，非也。史公于罪诛黜者，例不称爵。惟阴之死为冤，故书其降贬之爵而不名，以微见意云。"按：

此亦凿说也，"侯"自是其所终之官，若云诛者不书爵，吴王濞何说乎？

王曰："方氏点此传尤精：传首'不得推择'三句，著信之无行也；'其后遂用信计'二句，著汉能任信也。至'韩信犹豫'三句，史公明著信之果未尝反。而既不忍倍汉，又自为功多，此其所以死也。"

且天下锐精持锋至末

王曰："若通之言然，则力所能而又欲为之者，岂可得而亨之邪？史公以此为结，其意可见。"

太史公曰至良然

此与《黥布传》书"当刑而王"同意。史公于诸崛起者微时之兆，必详书之。

韩王信卢绾列传

梁曰："《索隐》本无'王'字，是。盖叛臣削爵，即卢绾不称燕王可见。"按：信本以韩为氏，《索隐》本或是，然谓削爵则非。

此二人别为传者，皆本汉将，非彭、黥比，又皆居边通胡也。王氏止谓其危疑致变同，犹浅耳。

夫计之生孰二句

吴曰："此讥高帝之失计，韩、卢疑之过迟，陈豨治之过急。白登之围，计之未孰，破豨则计得矣。"按：此说显与文义不合。

田儋列传

尚镕谓《耳馀传》结赵局，《魏豹传》结魏局，《韩王信传》结韩局，《卢绾传》结燕局，《田儋传》结齐局，是也。

王鏊以从横二客名不传，为史公轻节义，苟矣，自是史公亦不知其名耳。

樊郦滕灌列传

曾国藩曰："樊、夏侯皆沛人；灌婴，睢阳人，亦去沛不远，且终身为骑将，与夏侯终身为太仆略相类，三人同传宜也。郦商不入《食其传》，又不入《傅靳》等传而列之此，不可解。"按：此说太浅，四人皆战将之功多者，非以地、以骑之同也。商入《食其传》，乃后史之死法耳，商功岂傅靳等比邪？

王曰："四人皆战将，叙功处别立一格，遂为后法，亦他广之所言能详故也。"按：传中所载有人数，有总计，盖据功状原文，传闻焉得如是之详？据状直书，亦何创格之有？樊、郦步卒，滕奉车，灌将骑。

张丞相列传

此篇连叙数人，王鏊以为文奇；杨慎以为体之变；黄淳耀谓中包数小传，申屠无术学，故题止曰"张丞相"。

方曰："汉初御史大夫与丞相并重，苍、嘉兼两职，故合为一传。其余为御史大夫者四人，俱有声绩，故列叙之。为丞相者六人，皆无所发明，故总记以为戒。"

按：诸说俱非也。《史》本以一事为一篇，无所谓奇变，本并叙诸人，非以苍、嘉为主。篇题详略，亦无关褒贬。六人自当书，亦不必为戒。

崔适以此篇言终始五德，遂以为伪。且曰："张耳、陈馀、魏其、武安合传，以其事相牵属，故错综其文。张苍与周昌、赵尧、任敖绝无一事相关，特以相次为御史大夫，强分一传以跨三传，前后效颦之迹，可笑甚矣。"按：此说可谓悍且妄矣。既相次为御史大夫，何云绝不相关；本是一篇，何云强分一传？且崔氏以为此录《汉书》，然则班氏创此例，可笑也。

汉立皇子长为淮南王，而张苍相之云云

方曰："汉兴，为御史大夫者五人，皆在张苍之前。张苍既相，

而申屠嘉代之，故于苍相淮南，预书'十四年，迁为御史大夫'，然后五人为御史大夫，可牵连以书。然后苍自淮南相入为御史大夫，苍为丞相，嘉迁御史大夫，脉络相贯，而主客之分判然。苍以前为丞相者，名迹显著，故不复言。嘉以后为丞相者六人，最其名氏而以'娓娓'、'备员'蔽之，别有见者不列，皆义法之不得不然。"

按：此说是也，但谓客主则不然。此传直是丞相、御史大夫传耳，初无所谓客主。传中高帝时大臣又皆多死，余见无可者，乃以嘉为丞相。及末，皆以列侯继嗣数语，为全篇脉络，方氏未知。盖秦之丞相樗里、甘茂、范、蔡、不韦、李斯俱有传，所以著秦之所由兴也。汉之丞相，自萧、曹、陈、王、周、灌婴，皆佐命功臣也。灌婴死，无可为相者。惟张苍尚是旧人。苍死，申屠嘉犹是旧人，然与萧、曹、陈平异矣。_{此乃论中语。}嘉后更无旧人，乃用诸袭侯，自陶青至赵周。周以酎金免，武帝乃破格擢公孙弘于布衣，而命相之法乃大变。自弘以后，遂杂用矣，故史公于平津以下别叙，划断界限。班氏之意亦同。御史大夫，则亚相也，自周苛至任敖，皆初起功臣，申屠嘉以后，则用晁错，而局一变，后亦杂用，不限于功臣矣。

孝武时_{以下}

此所补漏略，梁氏已纠之矣。然其记事，亦自不烦乱，连合脉络，亦学太史公。著韦玄成浮沈诡巧，亦特笔。末著汉中叶循资望相之陋，而结以贤才困厄，有刺讥之微意。匈奴所谓汉置相，非用贤者也。黄震曰："景、武之世，丞相备位，仅有名氏，太史公不复为传。而褚先生直举韦贤以下继之，皆归之命，有嘅叹不满之意。"是也。

于丞相已有廷尉传在《张廷尉》语中

此必《释之传》后褚生尚有所记，今不见耳，诸家遂痛诋为误。褚生纵劣，何至误若此？

郦生陆贾列传

二人皆战国游士之余，未尝竟以儒者许。陆生附朱建者，以其亦游士善说，又与陆贾善，同免辟阳，故附之。黄震、全祖望[1]之论非也，驳于《汉书知意》。大氏史公道游士事，诚不无过繁，然以后世褒贬议论概之，则非其意，且不知史体矣。

> 方曰："贾与尉他语，入《南越传》，则伤国体，且纪其五君九十余年事，而漫及此，枝且赘矣。再使南越，语不复详者，恐涉复也。"

按：此说非也，著之《贾传》，人亦见之，何便不伤国体邪？且《史》以纪实，又非为汉设，何恤国体？《史》文本互见，入之《南越传》，亦未遂不可。若再使，自是无可书。若有可书，别是一事，何至复邪？文家气调之说，不可以论史法。

语在黥布语中

《黥布传》无其文者，梁氏疑后人删之。

初沛公至末

> 归曰："疑褚先生所补。"
>
> 茅曰："盖初本世所传草次之，其未定稿也。"
>
> 凌约言曰："详略不同，必有二闻，故并纪之。"
>
> 殿本《考证》张照曰："《史记》事两见而小异者甚多，史家疑以传疑，不臆断也。"
>
> 梁氏曰："史无两存之例，其为羼入无疑。犹《始皇纪》后之附《秦纪》也。《御览》引《楚汉春秋》与此正同。"
>
> 王氏曰："抑当所取材而未经削去者，少孙不识，因而存之。然是子长蓝本，存之可见剪裁之妙。"

---

[1] 全祖望（1705—1755）：清浙江鄞县（今属浙江宁波）人，字绍衣，号谢山，小名补，自署鲒埼亭长，人称谢山先生。续修黄宗羲《宋元学案》，七校《水经注》，三笺《困学纪闻》。所著《经史问答》卷八、卷九、卷十对《史记》多有讨论。此处引文见其所著《经史问答》卷十："（问）东发先生谓邓陆朱刘合传之不伦，是否？（答）诚哉是论。但东发贬叔孙通似太过。通晚年有争易储一大节，虽前此为佞，而在汉则不可与朱建并贬矣。窃谓郦食其画策守敖仓，刘敬请都关中，陆贾招降尉它，三臣功皆大，而随何亦当增入，为同列，合之，以叔孙通至朱建当黜之，附《辟阳传》中。"所著《鲒埼亭集》，收明清之际碑传极多，其外编卷二十八有《读史记汉兴诸侯王表》、《读齐悼惠王传》、《读王陵传》、《读魏其侯传》、《书史记公孙弘传后》、《读魏相传》。乃模仿顾炎武《日知录》而写成。《汉书地理志稽疑》以《汉书》、《史记》诸表并各传，与《汉书地理志》对勘，以纠正原志和颜注之阙误。

按：诸说均未安。有不合，便归之褚，无稽已甚。《楚汉春秋》乃史公所取材，何定为后人钞写？既谓未经削去，则是本有此，何又云少孙存之？吾谓此直是史公钞《楚汉春秋》文，未经削去耳。

傅靳蒯成列传

归曰："《傅靳传》，不类补者。"崔曰："传或从《汉书》补录，赞乃班氏所无，亦似太史公作。"按：此传与《樊郦传》同，必非《班书》，详《序论》。

王曰："按傅、靳俱不详其为人，所谓攀龙附凤者邪？论曰'此亦天授'，意可见矣。"按：即详其为人，史公亦必云"天授"。

曾国藩曰："子长于当世艳称之功臣封爵者，皆不甚满意，常以不可知者归之天命。如于萧何，则曰'依日月之末光'；于曹参，则曰'以与淮阴侯俱'；于樊、郦、滕、灌，则曰'岂自知附骥之尾'；于傅宽、靳歙，则曰'此亦天授'；于卫青，亦曰'天幸'。皆以成功委之于命。亦由子长褊衷，不能忘情于功名，故时以'命'字置诸喉舌之间。"

按：此说是也，但以为褊，则未知"天人之际"之义耳。

此有伤心者至笃厚君子矣
王曰："语气抑扬，殆有所谓。或曰陈豨之反，正在彭、韩醢戮之时，所谓伤心者，其是邪？"

刘敬叔孙通列传

唐顺之曰："此等传似不为本人，但为汉叙事耳。"按：此说是也。《史》之列传，皆不为本人，唐氏何见之晚也！

徙豪杰，而古封建之遗自此亡；定朝仪，而古君臣之礼自此废。古今之变，二人之力也。敬之劝徙都，通之对二世，皆所谓知时变者，诚与郦、陆之沿习战国者异矣！王氏以建都定储，天下大计，和亲制礼，汉代行之，为合传之故，浅矣。

方曰："史公于《礼书》，痛汉用秦仪法，三代圣制，由是湮没，而成之者实通。然时王之所用也，不敢言其非，故于后论隐约其词，若褒若讽，而希世之污，则假鲁两生以发之。首载秦二世之善其对，以为面谀之征也。末载原庙之立，果献之兴，著其凭臆无稽，以示所定汉诸仪法，皆此类耳。"

王曰："衣褐褐见，与便服楚制相映，然则敬乃贤于通矣。"

此传中如"知上益厌之"、"与秦仪杂就之"、"不知时变"、"吾能为此"、"诚圣人也"，诸语皆讥刺甚显。

备载其仪，此于古今之变为甚重也。于是"高帝曰"数句重笔特著。茅坤曰："此仪直行至今，大略皆秦故尊君抑臣之旧，而三代以前，上下同体处消歇矣。"此论是也。

梁氏以不书两人所终为疏，王亦谓不知何义，皆泥论也。传固不必备其人始末，盖史公已不知矣。

季布栾布列传

二人及季心、丁公皆任侠也。亡秦者，游说游侠之力也。尚镕谓传气节之士，浅矣。

论

季布重其死，栾布知所处，故不重其死，此即"轻于鸿毛，重于泰山"之说。陈仁子、茅、王谓是自道，是也。

袁盎晁错列传

全祖望《经史问答》[①] 曰："爰、晁合传，失史法。晁错虽以急切更

---

① 《经史问答》：此处引文见《经史问答》卷十："（问）《史》《汉》皆以爰晁合传，先生谓其失史法，窃意是不过以其同争七国事而合之耳，非以其人同道也？（答）晁错虽以急切更张蒙谤杀身，然其料七国则非过也。爰盎直是小人之尤，以私怨欲杀错，而使汉戕三公以谢过于逆藩，即令七国之师可罢，而流极之势将使诸王成唐末镇将之悖害国是何等，其罪一也；况又料事不明，卒不能罢吴师，其罪二也；奉使不能约结计，惟慷慨责吴楚一死以谢错，乃抱头鼠窜辱国，不一而足，其罪三也。幸而景帝护前得以不问，不然盎赤族矣。观盎之生平，巧诋绛侯，面折申屠嘉相，总欲掀大臣而夺之位，故淮南王长之事亦劝文帝诛三公，直是小人之尤，其引慎夫人席，及争梁王事，不足以赎其大罪。史法但当附见之晁错传中。错则功罪固自不相掩也。"

张，蒙谤杀身，然其料七国则非过。爰盎直是小人之尤，但当附见之错传中。"按：全氏之论《史》、《汉》列传，一切以"九等人表法"绳之，无一当也。全氏所论二人功罪，史公非不知之，故于盎亦著其善，而于错则借邓公语以明其冤。《吴王传·论》亦称其为国远虑，而此论中则全贬两人，要皆未尝深许之也。

方曰："盎忌疾，错刻深，而邓公持议平，其子修黄老言，亦与错学申、韩相应。"

太史公曰段

此论用韵。

张冯列传

全祖望曰[①]："张是名臣，冯非张比。张可与田叔合传，而冯附之。大氐《史记》习气，但就一节纽合。张晚年不用于景帝，冯亦老困，故合之。"按：此说非也。此论及下篇，皆文帝时长者之风也。

尚镕谓张、冯长者，与袁、晁相倾反道。直至下四篇，作一篇读，亦有见。此传自当次此，固不为袁、晁。然此四篇，则诚文、景时，黄老刑名之错互也。

万石张叔列传

是时汉方云云

特揳大势，真史法、史识所是处。此传见文、景、武三朝之变。万石遭窦后而荣，石庆遭武帝而辱，黄老、伪儒之殊也。"孝谨衰矣"句，不独慨石氏也。

---

① 全祖望曰：此处引文见《经史问答》卷十："（问）《史记》以张、冯为一传，汲、郑为一传，《汉书》合之，东发先生尝谓汲、郑不应合传矣，不知张、冯何如？（答）汲长孺在汉时无伦辈，郑庄固不敢望，况庄有引桑弘羊之罪乎？张释之是名臣，而亦非汲之侪，冯则并非张之比矣。张可与田叔作合传，而冯附之，汲当作专传，郑应附韩安国、兒宽一辈传中。大抵《史记》习气，但就一节纽合。张晚年不用于景帝，冯亦老困，故合之。汲、郑亦以其失势后之寂寞。"

太史公曰段

梁氏谓此论未协，引明邵氏说，谓佞人不可谓君子，周仁不可附万石。王氏则竟谓"石、张皆不克当'讷敏'，史公意抑扬"。此皆赘论也。史家立传，本以著风气，非以高下为离合。后人持褒贬之论以议之，乃以东西论南北耳。景帝刻深，故一时大臣皆以恭谨自全。万石性恭谨，而景帝扬之，故张、周、直诸人，皆以黄老术起。万石父子自是正人，直、周自是智巧，然皆恭谨。史公合传，以著一时习气，而分论以著是非。论言虽近佞，而其行自难且厚。"笃行"二字，本不如后世所谓之高。读书不精，又不识史家立传之故，宜其多言而无当也。史公极赞石氏，而深著武帝之不喜恭谨，何尝刺讥石氏？若如王说，前半篇全无意矣。

田叔列传

特立一篇者，史公好言侠士也。班氏合之季、栾，犹史公意也。叔亦长者，与上二篇诸人类。

茅曰："贯高不自立传，而田叔顾得立传？"王曰："此特为与仁善传之邪？"曾国藩说与王同，皆非也。叔事自多，贯高止一节，见《张耳传》足矣。古史不以立传为褒也 。

数岁

梁谓："此以下为褚生所增。"按：论中言"故并论之"，即指叙不受金、击匈奴、为郎中，但补者非褚生。此传后诸篇，多有后人续语，梁氏已具举之。归、方、王氏每认续语为原文，而论义法无当也，故今悉不举 。

扁鹊仓公列传

《正义》曰："此传合与《龟策》、《日者》相次，以淳于意孝文时医，故以次述之。扁鹊不可别序，故引为传首。"按：类传居后，乃后史法，史公书无此例也。

曾曰："太史公好奇如此，及《日者》、《龟策》、《货殖》，无所不载，初无一定之例，后世或援太史公以为例，或反引班、范以后之例而讥绳太史公，皆失之矣。"按：此说谬也。学术、生计，本《史》所当书，后史不书，正其识隘，何反史公为好奇，无定例？以常为奇，以正为变，后史之陋，正此等谬论为之也！

王曰："其文去史公远矣，汉、魏间习其术而不文者之所为也。"

按：此妄论也，过以神奇窥史公耳。本载医书，何能自下己意邪？桐城家务以灵变为长，不知叙事固有不得灵变者。"使圣人预知"一节作泛论，疑是周、秦书。仓公医案，皆云诏"问臣意"，亦疑是仓公自记，或弟子记载之专书。术数专门师授，著于竹帛，史公因而取入耳。《史》本言公，取众作而不有，王氏未知之也。且其文亦不劣，王氏从何断为远？至其疑前言"无子"，后言"子男殷来"，则梁引王氏说，定为下文有五女，上脱简矣。

董份曰："述对问太详，恐非太史法，然又非褚先生所能意者。汉史具藏其本，而褚对录之耳。"

赵翼曰："淳于意答诏问，必当时有此现成文字而抄入者，使史迁为之，必不如此琐屑。窃意亦少孙抄入也。"

按：此二人知为原文是也，而疑非太史所录则非也。既传医术，自不能无琐屑，何以知太史必不录此？《史》以述为职，钞录本无所嫌。史公所钞，何止此乎？吴氏谓史公以为奇而录之，则又以不怪为怪矣。

吴王濞列传

《索隐》曰："五宗之国，俱享大邦，虽复逆乱萌心，岂可谓非青社之国哉？淮南犹有后不绝，衡山亦其罪盖轻，安得出其王国，不列于世家？其吴濞请与楚元王同为一篇，淮南宜与齐悼惠王为一篇。"

梁曰："濞与淮南、衡山俱帝胄大邦，不但当以类从，亦当次于《齐悼王世家》之下。若以谋反，贬在列传，则彼在世家者，皆不反之王乎？又何相隔之远也？且淮南、衡山削王字，吴何以王？何以濞独名？均所未晓。班彪讥迁黜淮南、衡山例不经，而不及濞。《学史》[①] 谓《淮南》、《衡山》在《东越》、《朝鲜》、《西南夷》后，以二

① 《学史》：明邵宝撰。邵宝（1460—1527），明无锡人，字国贤，号泉斋，别号二泉，尝为江西提学副使，是书其提学时所作，共分十二卷，每卷或三十条，或二十九条，取自周迄元史事，分条论列，还著有《左觿》。

国故荆地，有合于《春秋》用夷礼则夷之义，殊非。"

按：史公本不以世家、列传为升降，而独于此数人，以其不终，而止列列传，遂来后人之讥。叔皮言"不经"，谓其变，而非常本，非讥词。且此亦未至参差。楚、赵、三齐诸反王，乃附在祖事后，与此自不相妨。称王称名，本无定例，安知淮南、衡山下非脱"王"字？即无"王"字，亦《陈杞》、《管蔡》之例，何梁氏又不讥《陈杞》、《管蔡》，而反发明合二，则但书国之例邪？若邵说则诚妄耳。代顷王不立世家者，以事少，已见表，故省之不列，《吴传》自当追叙，皆《史》之定法也。

> 方云："此篇侧入逆叙处，酷似《左传》。盖以吴及六国之败亡，必牵连以书。设篇终更举周丘之师，及汉制诏，则如附赘悬疣。故因叙吴兵之起，而及周丘之别出；因周丘之胜，而侧入吴王之败走；因吴王败走，而及天子之制诏，然后追叙吴、楚之攻梁，及亚夫之守战。吴王之走死，六国之灭亡，而弓高侯出诏书以示胶西王，亦自然合节矣。凡此皆义法所当然，非有意如是以为奇也。"

按：如此说叙事法，自无病。

太史公曰段

此论用韵。"为国远虑"四字，为错湔雪也。

魏其武安列传

全祖望曰[①]："窦、田薰莸，相去远甚。窦本不以外戚封，自以七国时功而争梁王、争栗太子，其大节甚著在景帝时，当与条侯合传。

───────────────

① 全祖望曰：此处引文见《经史问答》卷十："（问）《史记》窦、田为一传，附灌夫，韩安国自为一传，《汉书》合之，是否？（答）《史记》固非《汉书》，尤为不合，窦、田薰莸，相去远甚。窦本不以外戚得封，自以七国时功，而争梁王，争栗太子，其大节甚著。在景帝时，当与条侯作合传，晚节不善，处进退之间，自是无学术，然安得谓之无德，而使与田蚡同列？田蚡特竖子，无一可称，晚有交通淮南之大逆，只合黜之在《外戚传》。史公生平习气，喜道人盛衰荣枯之际，以自写其不平，而不论史法。故以灌夫之故，强合窦、田为一传。《汉书》则因韩大夫在东朝，与议窦田之狱而并牵合之，尤非也。安国只应与郑庄辈合传。"

田蚡特竖子，无一可称，晚有交通淮南之大逆，只合黜之在《外戚传》。史公生平习气，喜道人盛衰荣枯之际，以自写其不平，而不论史法。以灌夫之故，强合窦、田为一传。"

按：此说妄也。功臣亡而外戚兴，战国养士、秦相专权之风犹在，此武帝初年之形势也。此篇正以明此，遥接《张丞相列传》，乃真史法也。若全氏之言，乃《九等人表》法耳，岂《史》法乎？

凌约言曰："三人徒以宾客相倾，而卒无赖于宾客。太史公三传联合，微旨见矣。"

按：收召宾客，乃战国之余风也。

包世臣论曰[①]："或谓史公既云魏其不知时变，灌夫无术不逊，相翼以成祸乱，又云武安负贵好权，则曲直显明，祸原昭著，而复继以'祸所从来'者，何谓也？予曰此《自序》之所谓'原始察终，见盛观衰'者也。盖忧世之微言，而重斥外戚矣。其序世家曰'孔子罕言命'，盖难言之也。'非通幽明之变，恶能识乎性命哉？'言难以知命，责外戚也。在下不可恃，而在上不可纵也，故曰魏其、武安皆以外戚重。外戚惟魏其贤，能引大义，以阻传梁之失，而太后顾以此除其属籍。故曰魏其之举以吴楚，明非吴楚则终身废弃也。既以贤而废弃，则所举必富贵好权、通贿赂、恣睚眦，如武安者耳。进退人才者，人主之柄，东宫操进退之权，而颠倒若是，岂必临朝称制，乃足为乱哉？外戚重则公室卑，其究则子政所谓王氏与刘氏，亦且不并立者也。迹武安初用事，下宾客，进名士，欲以倾诸将相，推毂儒术，设明堂，兴礼乐，痛折节，以礼肃天下，非新莽之前车乎？高祖之侯泽、释之也，以为将有功，而台、产之并侯者，以父泽死事。恐议者不察，疑为恩泽，故白马之盟曰：'非有功而侯，天下共击之。'侯以恩泽，自薄昭始，昭功与定策亚于宋昌，顾以建太子恩，使与驷钧、赵兼同科，白马之约始败矣。昭卒变谨良之旧，至杀汉使，是故长君、少君初至长安，而绛、灌以为我辈。他日命且悬两人手，则文帝

---

① 包世臣论曰：包世臣之论见《艺舟双楫·书史记魏其武安侯传后》。

示私，外戚之祸，可胜言哉！是故窦太后趣侯王信，政君敕让丁、傅①之噛矢也。条侯力持正议，迟信侯数年，而条侯卒以得死。窦太后好黄老，以清净退让教宗室，诸窦当如此，则妇人之不可用也亦甚矣！当武安向用之时，武帝曰：'君除吏已尽未?'其请宅地，则曰：'何不遂取武库！'是不必至魏其、灌夫事始不直武安也。帝初即位，即以夫守淮南，镇天下劲兵处。及其为太仆，以酒持窦甫，恐太后诛夫，为徙相燕，则帝之知夫而全夫者至矣。至东朝廷辩，以两人孰是遍问朝臣，汲、郑对不能坚，余皆莫敢对，武帝之用心，实欲倚朝臣公论以抗太后，而全魏其、灌夫，如袁盎诸大臣之持梁事也。既莫对，对又不坚，而遂无如太后何矣。故怒曰：'今日廷论，局趣效辕下驹，吾并斩若属也！'以武帝之雄才大略，而上迫太后，骄所薄，陷所严，况成、哀之下材乎！史公盖书之而隐其辞，以为万世戒。不然，武安之患苦吏民，修成子仲之俦耳。吴楚之功，最条侯，魏其、灌夫附条侯以传可矣，何遽如此《自序》所述乎？史公之特立此传者，深忧'履霜'之戒，不至政君三世称制，龟鼎遂移不止也，是'祸所从来'之谓也。"

按：包氏述贯传事固详明，必谓史公意在戒外戚以讥文帝，及说举以吴、楚句意，则未免于凿之使深耳。太后外戚之专，乃沿秦故，岂可归祸始于文帝乎？

方云："魏其、灌夫生平事迹，并正叙于前，故武安事迹皆与魏其夹叙。其初也，著魏其方盛而卑事之，其益贵用事，而下宾客进名士也，以欲倾魏其诸将相。其让魏其为丞相也，以天下士素归之，而用以钓让贤之名。其好儒术，兴礼度也，与魏其俱。其益横益骄也，以言事多效，天下吏士皆去魏其而归之。吏士去魏其归武安，则魏其与灌夫相欢相倚之由也。武安益横益骄，则怒魏其、激灌夫之由也。中间魏其夫妇治具旦及日中，与武安往来侍酒跪起如子姓相对。灌夫尤敬诸士贫贱者，与武安折讪诸侯王，坐其兄南乡相对。好陵贵戚，

---

① 丁傅：指汉哀帝生母丁姬和养母傅太后。成帝崩，哀帝即位，王太后政君诏令傅太后、丁姬十日到未央宫。后哀帝尊傅太后为帝太太后、丁姬为帝太后。故此"丁傅"二字不误。沪本作"下傅"，形误。

有势在己之右者，为后骂坐张本。而魏其初致名誉，及后锐救灌夫，则以沾沾自喜多易蔽之。章法蔽遏，使览者心怡目眩，不知其所以然，所谓工倕旋而盖规矩也。”

按：此说亦可用，但不可误认为魏其为主。

“益疏”、“不用”、“无势”三复语，“其游如父子然”，“相得欢甚无厌”，“恨相知晚”亦三复语，皆极书也。

韩长孺列传

窦、田递为丞相，在卫绾、许昌之间，其传实远接《张丞相传》后。田蚡死，安国行丞相事，将即真而罢。是时名公卿可为相者，独安国耳，故此传次窦、田后。然安国事实不足专传，史公特以不用、命蹇，故详之。全氏所谓喜道人盛衰者也。且安国亦好士，与李广皆老将，二人不用，而卫、霍乃进。史公极称许好士者，津津不厌，故贬卫、霍而褒韩、李，此乃史公偏处，不可为定论。论中所举壶遂亦不得为相者，而称“长者”也。班氏合韩于窦、田，亦犹史公意而更简整矣。全氏既以史公为非，谓韩止合与郑、庄同传，又以班为牵合，非也。

凌稚隆曰：“两受金、两言太后，田蚡之宠赂章章也，太史不载之《蚡传》，而载之《安国传》，即于《张汤传》见弘羊之意。”按：《蚡传》已总述，此则散见者耳。读《史》当留心，然不可谓作《史》故如此。

李将军列传

宋黄震《日钞》曰：“使武帝志在息民，专任李广足矣。看《卫霍传》，须合此传看。卫、霍声振华裔，今看其传，不值一钱。李广困踬终身，今读其传，英风如在。史公抑扬予夺之妙，岂常手可及？”

冯班亦谓此传在《匈奴》前，见北边非将军莫可寄管钥。

黄淳耀曰：“李广非大将才也，‘行无部伍，人人自便’，此以逐利乘便可耳，遇大敌则覆矣。太史叙广得意处，在为上郡，以百骑御匈奴数千骑，射杀其将，解鞍纵卧。此固神将之器也。若夫堂堂之阵，正正之旗，进如风雨，退如山岳，广岂足以与乎此哉？卫将军数万骑，未尝挫衄，其将略优于广远矣。且出雁门时，广所将万骑，乃为敌所得；而霍去病以八百骑斩捕过当，必谓广数奇，而去病天幸，恐非论之得平者也。淮南王谋反，止惮青与汲黯，而不闻及广。太史以孤愤之故，叙广不啻出口，而传卫青，若不直一钱。然随文读之，广与青之优劣终不掩。"

按：淳耀此论，一洗宋以来之痼见。史公虽许广，然止言其勇，悲其数奇，与论韩安国意同。论之称许，亦张季、冯公之等耳，未尝有用广已足御匈奴之意也。武帝欲使卫、霍专其赏，青欲自当，与公孙敖同功而移广，诚不无私意。然受戒以其老数奇，犹公孙昆邪恐亡之之意，未尝不善。非卫、霍有倾广之谋，簿责失军状，何至自杀？赵食其同受责，亦未诛。史公叙述甚明，安得以此而讥武帝，贬卫、霍邪？史公于此传及《卫霍传》，颇抑扬其词，乃其偏习，于好士者则喜之，于不好士者则贬之，观两论已可见，此岂论世知人之定准哉？后世好史公之文，为其情气所动，因慷史公之慨，而极贬卫、霍，推李广，非史公意也。若李陵《与苏武书》，则六朝人假托，固不足以为证。

匈奴列传

《汉书·迁传·序目》此下三传次序，为《卫霍》、《平津主父》、《匈奴》，疑倒误。

梁曰："《史诠》谓匈奴、南越、东越、朝鲜、西南夷、大宛，四夷也，以类相从，当在杂传之后，此说是。小司马亦云《司马相如》、《汲郑》不宜在《西夷》下，《大宛》不合在《酷吏》、《游侠》之间。又《汉书·迁传》，《卫将军骠骑列传》第五十，《平津侯主父列传》第五十一，《匈奴列传》第五十二，则今本《史记》有讹。《正义》反谓旧本《匈奴传》在第五十，非也。说者遂言司马相如开西南夷者，故次《西南夷》后，《匈奴传》后继以《卫霍》、《公孙弘》，而全录主父偃《谏伐匈奴书》，史公有深意，并曲解耳。"

按：此论本王若虚浅陋之习见也。即如梁氏说，移《匈奴传》于后，仍非与四夷诸传为类也。杂传后乃列四夷，此《班书》以后之例耳。史公本无此例，不但无四夷、中国之分，亦且无特传、杂传之别。自《李广》至《大宛》，武帝时事数大端也，皆《今上本纪》之纬也。韩、李不用而卫、霍起，故此传次其间。

顾氏曰："因匈奴犯塞而有卫、霍之功，故叙《匈奴》于《卫将军骠骑传》之前。"

此说是也。梁氏所称说者之言，皆有见。特何焯以主父偃书粘合说之，则凿耳[①]。

于是周遂作甫刑之辟

方云："忽插此语，与汉武穷兵入谷赎罪相射。"

太史公曰以下

此论意谓当时言匈奴者，皆徒奋气于斩虏，未尝参彼已有深远之谋，解绝边患也，故进以择将相。观"建功不深"之言，可见史公亦以武帝逐匈奴为功，但惜其不深，非谓匈奴不当驱也。谓多微辞者，言不敢直言其时之徼功疲民，然于卫、霍之功，仍详叙，未尝隐略也。武帝开边，固属侈心，然逐匈奴之功，则不可没。先大父《史存》曾详论之。宋以后人谓史公讥武帝之逐匈奴，乃以己见度古人耳。王氏曰："尧虽贤，得禹而九州安。故于《李将军传》咏叹于不已，此真不可解。"彼意谓用一李广，足以安边。夫广亦好战，安见用之便不疲民？且其徒勇，岂遂可赖[②]，而乃以比之于禹乎？史公意必不如此。

王氏又曰："鹿门[③]谓叙卫霍战功草草，非也。卫、霍仁善恭让，传中何尝不悉著之？其叙战事，则不及其方略，当时亦据军国文书之类书之云尔，何尝不极详尽？且卫、霍有何方略可谈，而欲责以如

---

① 刘咸炘氏此段按语甚为有识。《史记》将周边四夷传与相关人物传并列，示周边民族皆天子臣民，是进步历史观，《汉书》认为周边民族种别域殊，编列在书末，乃内诸夏而外夷狄的正统历史观，是倒退的保守观点，刘氏驳之甚是。

② 赖：沪本作"□"。

③ 鹿门：茅坤号鹿门。

《广传》哉？况赞明言'战功不深'，然则其事不过云尔。"

按：茅说固妄，王说亦非。此传何尝不叙卫、霍之功，卫、霍方略，外此更何求？围单于一节，岂非方略？《广传》所书，不过善战耳，又何方略之可称？功不深，乃言攘夷之功未深，非卫、霍战功不深。王氏何乃不看上文封狼居胥、围单于，岂得云"不过云尔"乎？读者平心观之，史公有此意否？

吴汝纶曰："此篇后继以《卫霍》、《公孙弘》，著所择任之将相也。"按：此说似是而实未可信。卫、霍事固止关匈奴，公孙弘则不然。《史》之次序，不能以一事一语粘连也。

卫将军骠骑列传

王鸣盛曰："叙述战功虽详，而指摘其短特甚。其论补叙，与传中'和柔自媚'等语相应，叙述而止，无所可否，乃论之变例。隐以见其人本庸猥，用兵制胜，皆竭民力以成功，岂真有谋略？'敌未灭，无以家为'，亦自媚之词。"又曰："《李广传》美其死，天下尽哀，诚信于士大夫。《卫青传》则著不肯招士，士大夫无称，优劣自见。"

按：史公之于卫、霍，本过贬，后人推衍，又多非史公意。此篇多以"天子曰"三字叙其功，一若天子为之粉饰然。然《匈奴传》中又全用此诏书语实叙，则亦未尝竟以为无功也。仁柔自媚，乃由避武帝之忌刻；不招士，亦由避忌，史公论语中明著之，以讥武帝而明青志。且青非不下士，救郭解，敬汲黯，进田仁、减宣、主父偃，皆史公所书。宣、偃固不贤仁，则史公所友也。即史公所称许韩长孺、郑庄之流，其所举又岂皆贤邪？庄举桑弘羊，与青举减宣何异？士大夫称与不称，特好士与不好士耳。彼时风气固然，非士大夫固有公论也。《淮南衡山传》载伍被称卫将军曰："遇士大夫有礼，于士卒有恩，众皆乐为用。号令明，当敌勇敢，常为士卒先。依舍穿井未通，须士卒尽得水，乃饮。军罢，卒尽已渡河，乃渡。皇太后所赐金帛，尽以赐军吏。虽古名将弗过。"被之言，容或有游说过甚之词，然此节被谓得之黄义、曹梁，则必非妄造。观此则后之人贬青，岂有当邪？王拯乃以《李广传》与此传并论，谓为诛奸谀，发潜德，太失伦矣。

董份曰："史公叙诸将，则右李广而贬青，卫、霍并言，则右青而贬去病。"按：右李贬卫，非也；右卫贬霍，则是。霍之豪侈，远下于青。其为将，但能勇往，不及青功之多。武帝赏其健耳。

李广自有传

王谓此句著眼，非也。此乃史家常例，岂因此为褒邪？穿凿之甚。

尚曰："李、蔡已附《李广传》后，附此者，犹淳于髡已附《孟子传》，而《滑稽传》后序之。张骞已附此，而《大宛传》后序之。范蠡、子贡亦然。盖因事类叙，故不避重复。"

按：此说是也，但不当言附耳。

家在大犹乡

程一枝曰："张骞家在汉中，二'家'字本作'冢'。载此二冢者，从骠骑'冢象祁连'波及之耳，此文家血脉。"按：此校是也。而云"血脉"，则是故以此为趣矣。殆不然，此二冢偶可考耳，冢岂必尽书哉？

平津侯主父列传

二人皆武帝特举之文士，拔弘以劝穷儒，用其励学官之策；拔偃以收游士，利其私怨，以治诸侯，用其分封、徙豪杰之策。此武帝雄才之略，所以成集中之治也。弘险而柔，故竟以相终；偃不改纵横之习，故名败身诛。二人祸福之殊，即纵横销匿而伪儒昌盛之关，此"古今之变"之大端也。《史诠》谓行事终不相合，主父以下当别为一传。何焯谓弘以议朔方族，二人合传，犹之"袁晁"。吴氏说同，皆非也。

弘学《春秋》杂说

何氏谓杂说乃杂家说，是也。偃学长短纵横，晚乃学《易》、《春秋》、百家言。百家言与杂说，皆著其不纯于儒也。

弘为人恢奇多闻云云

方曰："以恢奇多诈，蔽弘之为人。唯恢奇，故多诈，而天子以为敦厚也。唯天子以为敦厚，故不唯汲黯之诘不能动，即左右佞幸之毁亦不能入也。其称人主病不广大，及阳屈于买臣之议，阴祸主父，徙董相，诈也，而使匈奴还报不合上意，数谏通西南夷、筑朔方、置沧海郡，汲黯廷诘，反称其忠。使天子察其行而以为敦厚，所谓恢奇也。黯之诘以背约不忠，则曰'知臣者以臣为忠，不知臣者以臣为不忠'；诘其俭以饰诈，则曰'管仲侈拟于君而桓以霸，晏婴下比于民而齐亦治'，所谓辨论有余也。淮南、衡山之反，泛引传记，使览者莫识其意向，而究其隐私，则自引咎以释人主之惭，所谓习文法，而又缘饰以儒术也。凡此类，皆以恢奇行其诈也。天子报书，一则曰'君宜知之'，再则曰'君宜知之'，而曲学逢君，饰诈不忠之实不可掩矣。"

按：此说详而未尽是。人主病不广大，示当多容以收人心也。人臣病不俭节，束身以附上也。其论管、晏，语有轻重，与田蚡与窦婴辨语同，人主固利晏而忌管之僭也。弘与武帝智相等，凡武帝之用心，弘皆相视莫逆，其以功名终，宜矣。

弘为人意忌

王氏曰："再提为人，极力写出，专以汲黯、董仲舒与之对照。"按：排董仲舒，足见其儒之伪；杀主父偃，又苏、张相倾之遗。史公之恶弘，亦直书其事耳。曾国藩乃以为史公之褊，其识下方氏远矣。

开阁延贤，此传不载，盖不以好士许之也。《班史》书之，而接以意忌，亦以明其延贤要誉之伪也。梁氏乃以开阁为盛德事，而疑马何不载，浅矣。自弘以后为相者，不能如此，亦不敢如此。客馆丘虚，而亦遂多以谴死矣。《汉书》于此最明。

是时赵人徐乐齐人严安云云

此皆游士，与偃同类。吴氏谓因偃谏伐匈奴，连类并及，非也。王鏊曰："史传不必人人悉具颠末，如严安、徐乐，一书足矣。《蔡泽传》亦然。"此论是也。王拯既知引此，何又疑于刘敬、叔孙通之不言所终邪？载二人之书，取其中时弊也。梁氏曰："庄安书首尚有二百七十余字，皆切中时弊，不知何以删之？"

公孙弘谏筑朔方，终谢鄙人；主父偃初谏伐匈奴，而后议置朔方；此皆游士逢君常谈。何焯摘偃前言地泽卤、转输率三十钟致一石，后言地肥饶、省转漕之相反，当矣。

唯独浇孔车

书此事，亦史公好侠之习。

然亦遇时

此二字论定公孙弘，与叔孙通论同。

南越尉佗列传

崔适以此及下三篇为《史记》本无，后人录《汉书》，乃以其不合"麟止"之说，其说之非，已详《序论》。适于《东越》、《朝鲜》二传无他证，于此则曰《汉书》有文帝《赐赵佗书》，此无；《汉书》载佗上书谢，此存十分之三；婴齐藏其先武帝、文帝玺，此脱"文帝"二字，则似其父胡未尝称帝，割裂《汉书》之征也。于《西南夷传》则曰《班传》本为平定四夷而作，至成帝河平中，陈立始定西南夷，此传中止，则亦删《汉书》之足耳。按：此所举，皆不足为证。《汉书》本详于《史》，若不及《汉书》详，即为伪，则《贾生传》亦伪邪？脱字咎在传写，若脱字即为伪证，则百三十篇中伪者多矣。至平定四夷一说，尤不可解。如崔氏言，岂谓必平定乃可作传邪？然则《匈奴传》亦伪矣。

尚氏谓《南越》独题尉佗，以其有雄才大略，不同东越、朝鲜、西南夷诸君长。按：此亦世家之例耳，不必为表异也。

曾国藩曰："五世九十三年，必有善政，赵光等之属汉，必有事实，皆不书，略人所详也。太后之淫乱，置酒之坐次，详人所略也。"按：此说亦非。善政及属汉事必已不传，若传，乌得略？且所谓人所详，人所略者，何稽乎？

天子微三句

此用《春秋》义，诏文必不止如此，乃史公删削。可见史家载文，多非原本。

梁氏谓："终童奇人，何不为立传？"此不知史法之言也。《汉书》立传，断代加详耳。

太史公曰段

此亦用韵。茅坤以为铭体，陋矣。古人文本多韵，史传岂与碑志同乎？

东越列传

梁曰：《迁传》作"闽越"，是。尚镕曰："亡东瓯、南越者闽越；亡闽越者余善也。故题东越以罪之。"按：此皆拘论，前名后名，无不可用。若罪之，当仍录原名以示存古，何反题后名邪？

太史公曰段
此遥承世家"合古今"而言。

朝鲜列传

太史公曰段
此论亦用韵。

西南夷列传

太史公曰段
此与《东越传·论》同。

司马相如列传

吴曰："相如开西南夷，故传次《西南夷》后。"按：境土广而侈心生，乃好词赋歌颂之矣。

《史通》谓此篇本相如自序，其说在疑信之间。详《汉书知意》。方曰："《史记》所载赋、颂、书疏甚略，恐气体为所滞壅也。长卿事迹无可称，故独编其文以为传，而各标著文之由，兼发明其指意，以为脉络，匪是则散漫而无统纪矣。"按：相如固以文传，文之当传与事等，非因无事乃编其文。方语微误。

王鸣盛深诋司马相如"小人得志",谓韦昭注相如事云"言其无耻也"①,"此言甚有识。司马迁究属文士,颇有取于相如之文。按:昭所言,诚得史公琐叙当垆著裈之意,然与载文何关?"刘知几诋史公载词赋为无裨劝奖,有长奸诈,本偏谬之言。已驳于《汉书知意》。王氏袭其说耳。

梁氏又讥史公不载相如明经化俗之大端,而但采其赋。按:文翁遣相如受经归教事,《华阳国志》② 始载,《汉书》所无,未可信也。

春秋推见至隐

于慎行读"见"为《中庸》"莫见乎隐"之"见",甚确。

淮南衡山列传

方曰:"备著淮南、衡山二王逆节,见汉法非过也。厉王反迹,皆于狱辞具之,故安之事既毕叙,乃曰'伍被自诣吏,告与淮南王谋反踪迹如此',而狱辞则甚略。观此传,盖信淮阴之枉,始则诈而禽之,而告反者无闻也。既则诈而斩之宫中,而上变者无征也。使果有踪③踪,何难具狱而明征其辞哉?著以传著,疑以传疑,俾百世下可以寻迹推理而得其情,此之谓实录也。"

吴曰:"一路附会谋反,全为疑兵,岂有真反?但与子女及宾客数人同谋,遂能举事,连坐数千人,绝无反谋可叙者乎?且使淮南王真反,而史公录其前后踪迹如是之冗也,亦为词费矣。"

按:方说未尽,吴说是也。安事正与淮阴类。史公于淮阴与陈豨语等反状,皆作直叙,与此叙安与田蚡语同。此叙安反状著伍被告,则其中亦

---

① 言其无耻也:《司马相如列传》"犊鼻裈"一词,裴骃《集解》引韦昭曰:"犊鼻裈,今三尺布作,形如犊鼻。称此者,言其无耻也。今铜印言犊纽,此其类矣。"

② 《华阳国志》:又名《华阳国记》,东晋常璩撰写于晋穆帝永和四年(348)至永和十年(354)。专记远古到东晋永和三年巴蜀史事,分为巴志,汉中志,蜀志,南中志,公孙述、刘二牧志,刘先主志,刘后主志,大同志,李特、李雄、李期、李寿、李势志,先贤士女总赞,后贤志,序志并士女目录等,共十二卷,约十一万字。此处所引参见《华阳国志》卷三《蜀志》:文翁"遣隽士张叔等十八人东诣博士受七经,还以教授。……孝武帝皆征入叔为博士。叔明天文、灾异,始作《春秋章句》,官至侍中、扬州刺史"。同书卷十上《先贤士女总赞》(上)载:"张宽,字叔文,成都人也。蜀承秦后,质文刻野,太守文翁遣宽诣博士东受七经,还以教授,于是蜀学比于齐鲁,巴、汉亦化之。……帝感悟,以为扬州刺史。""张宽"与"张叔"当为同一人。

③ 踪:沪本无此字。

有不实矣。

气怨结而不扬，涕满匡而横流 二句

梁引刘辰翁[①]曰："游说如赋，近乎小说矣。"王若虚亦讥其失史体。按：刘、王皆未察也。此传中所载伍被之论，必别有他书。淮南宾客，本多纵横词赋，盖即其所为。观此后言上伍被雅词多引汉美，则抑或即被自造之词。自"王坐东宫"至"历阶而去"一节，文势明是纵横家词说。后伍被问答皆简要，而论陈胜、吴广语已稍泛，前一段尤多无用之泛语。说始皇、徐福事繁而无要，又说尉佗王在陈胜前，及客谓高皇帝，皆非事实也。要必本他书文，而史公钞入之，失于删削耳。董份谓："被自告之文，不无饰词，而史公具载之，所以微见被冤，而恶汤专杀。"曾国藩因谓："史公素恶弘、汤，故欲曲贷伍被，或不无增饰。"则皆无稽武断之诬词矣。

太史公曰 段

安之谋反，由游士怂恿，而其招游士，适为武帝所切齿。武帝方崇儒而禁杂流纵横，故河间蒙宠，而淮南被诛。知彭、黥之反，高帝致之，则知淮南之反，武帝致之也。此论止责游士之启祸，自有深意。梁氏引《史义拾遗》[②]，乃谓安自取亡，何地俗之咎？所谓痴人不可与说梦也。

循吏列传

《索隐》曰："有《管晏列传》，国侨、羊舌肸等合著管、晏之下，不合入《循吏传》。"

梁曰："传循吏无汉时人，传酷吏无秦以前，深所难晓。又所举

---

① 刘辰翁（1233—1297）：南宋末年庐陵灌溪（今属江西吉安）人，字会孟，别号须溪。刘辰翁所增《史记》评语与倪思《班马异同》合刻，成《班马异同评》，比较《史》、《汉》，考其字句异同，以观二书得失。以《史记》原文为主干，用大字书写，《汉书》所增文字用细笔小写，《汉书》所删文字，在其旁画墨线标识，凡《汉书》移动《史记》文字之处，即予注明。此处引文见其《淮南衡山列传》评点："《汉书》'被流涕'感动；《史记》游谈如赋，近于小说矣。"遗著由子刘将孙编为《须溪先生全集》一百卷，已佚。

② 《史义拾遗》：杨维祯著。杨维祯（1296—1370），元浙江诸暨人，字廉夫，号铁崖、东维子。其著作还有《东维子集》、《铁崖先生古乐府》、《春秋合题著说》、《丽则遗音》、《复古诗集》等。

仅五人，而为相者居其三，吏事不责公卿，何以入孙叔、子产、公仪子？当与管晏并传为允也。"

《咫闻录》①云："循吏五人，而不及汉。春秋列国贤臣尚多，而独以传叔敖、子产、公仪，不太略乎？石奢、李离以死奉法，岂曰非贤于循吏，未甚当也。且叙事寥寥，绝无光焰。"

《史诠》云："汉之循吏，莫若吴公、文翁，子长不为作传，亦一缺事。"

冯班曰："史公以为循吏，必如古诸人则可，若《汉书》所载，史公犹以为未慊耳。不然，文翁在景帝时，何不存之邪？"又曰："子产、叔敖勋业皆不叙，阔略仅数语，若曰为吏当如此也，此叙循吏，非为二君作传。"

方氏曰："循吏独举五人，伤汉事也。孙叔顺民所欲，不教而从化，以视猾贼任威，使吏民重足一迹，而益轻犯法者何如哉？子产既死，而有遗爱，以视张汤死而民不思，王温舒同时五族，而众以为宜者，又何如？公仪子使食禄者不得与民争利，以视置平准、笼监铁、纵告缗，以巧夺于民者何如？石奢、李离以死守法，以视用爱憎挠法，视上意为轻重者何如？史公盖欲传酷吏，而先列古循吏以为标准，故序曰'奉职循理，亦足为治，何必威严哉？'然酷吏恣睢，实由武帝侈心不能自克，而倚以集事，故曰身修者，未尝乱也。"

崔适曰："此篇目及文，皆非太史公所有。《循吏传》为《酷吏传》而作，《酷吏传》伪托，则《循吏传》可知。酷吏皆今人，循吏皆古人，太史公非爱古薄今者，不宜有此。二传不相属，中隔《汲郑》、《儒林》二传，亦甚不伦。孙叔敖，霸佐也；子产，良相也，列之循吏，转为降格矣，《索隐》说是也。太史公每述一人，分见数传者，其世次、其事迹，皆相密合，惟《仲尼弟子传》宰我之事迹，与此传子产之世次乖异特甚。其为妄人所伪托，正如一辙也。"

按： 以上四说，可谓纷纭矣。冯说本未可信，《循吏》之义，本非甚高，石奢、李离，亦未遂过文翁。方说固成理，然审此五人事，参差不齐，似止就所见录之，未必果如方说。观传首数语，诚似为酷吏之反映，

---

① 《咫闻录》：清代笔记小说，作者自署"慵讷居士"，生平不详，据《自序》知其为浙江人，大约清代道光时人。曾游幕各地，侨居广东羊城。

然何以解不相属之疑邪？梁、崔所疑，亦多未当。史传以品类名者，乃著一事一风，不为一二人设。汉自无循吏之风，战国自无酷吏之风，其略固不足怪。吴公、文翁事，必史公不详，无所采。即有所采，亦不必立一传。后世视类传为类书目录，以专传为荣，附传为辱，皆是陋见，安可反以绳史公？吏事不责公卿，乃秦以后之说，若春秋时一国之卿，何尝不亲吏事？列国贤臣，史公本以其已见《左传》，而皆不录。此所叙孙叔、子产、公仪休，皆取之杂说，其事与《左传》不同。孙叔固是异词，子产则吾疑其别是一人。春秋时人名字相同者多，如宋有两子罕，即使真是国侨，冯说亦足以释司马、梁、崔之疑。循之为名，本谓循法，石奢、李离之事，本出法家所传。曾国藩曰："循吏者，法立令行，识大体而已。后世之称循吏，专尚慈惠，与此传本意不伦。"此说是也，岂可反据后人之义以疑前人乎？至以"光焰"为说，则又捕风之谈。与《酷吏传》不相属之疑，乃由用①方说。若不用方说，则无可疑矣。虽然，此篇何以独取五人，尽叙周事，何以次此，终令人莫解。若谓为后人所补，则补者何不述汉事，录《汉书》？若谓为残缺，则何以适脱去汉事？且论与《自序》，皆适与此文相应，则二说亦本难通。吾不敢如崔氏之悍，姑从盖阙，以俟好学深思之士。

太史公曰 段

此论用韵。王若虚以为少评论总结之语，陋矣 。

汲郑列传

崔适谓："此传非史公所有，乃后人录《汉书》。"凡举三证。一证为所记事在麟止。黯卒后，上官其弟、子至九卿诸侯相。黯卒在元鼎五年，则子、弟至卿相，当在武帝末年，非太史公所及见矣。第二证，谓翟公事，《汉书》在《郑传》末，此录班传为赞，其为窜入之迹甚显。第三证，谓列传次第，先别传，后总传，各史皆然，法当创自《史记》。此不当在《循吏》、《儒林》之间。

按：崔说之不足为伪证甚显，"麟止"说已辨于《序论》。黯卒时，其

---

① 用：沪本无此字。

子、弟岂定尚为小官，擢之至卿相，岂必在史公身后？此以汲、郑同传，二人皆失势零落，故合论引翟公事。班以张、冯、汲同传，则不宜举此事矣，故移附《郑传》后，势所必然，何反为此移彼邪？《淮阴侯传》，贫时葬母事，迁书在论中，《汉书》亦移前，岂《淮阴传》亦伪乎？别传先，总传后，乃创自班氏，何所据而知史公之必然邪？

宋刘子翚[①]、黄震、王应麟皆谓汲、郑不当合传，黄震则谓郑盗名，不足玷汲。

> 全祖望曰："汲无伦辈，郑不能望，况郑又有引桑弘羊之罪，汲当作专传，郑应附韩安国一辈中。大氐《史记》习气，但就一节纽合。汲、郑以其失势后之寂寞。"

按：此皆"九等人表"之论耳。史公非不尊汲，然《史》不以特传为尊也。传末附书翟公事，非合传之旨。若谓"寂寞"，则何不合之《李广》？史家铨配人物，乃依当时事势，二人皆武帝为太子时僚属，皆好黄老，皆好客，皆为名卿，皆以郡守终，故合之耳。黄震谓"郑虽少鲠谅，然行修絜，与汲等所以同传"，亦是。何焯引叶万说，谓："次《循吏》后，乃以汲为循吏，武帝好更张，汲尚无为，郑尚黄老，故附之。"茅氏则谓："二人意气相合，其废，宾客并落，故合之。"则曲狭之说也。

> 方云："汲黯治东海，为九卿，徙内史，居淮阳，不填实一事，止虚言其性情气象，略举其语言及君臣上下之严惮，遂使千载下，闻风而兴起。必如此，乃与黯之为人相称。又此传伤武帝有社稷臣，先知灼见，而终不能用也。篇首称黯以数切谏，不得久留，则其进言多矣。为右内史，守东海、淮阳，列于九卿，事迹众矣，而见于传者止此，盖非关社稷之计，则不著也。其直攻武帝之多欲，社稷臣之所以格君也。矫节发粟，以赈贫民；奉使东越，不至而返；谏征匈奴、迎浑邪，罪民匿马及贾人与市者，社稷臣所以安民也。而诘弘、汤，责李息，社稷臣所以体国也。始仕为太子洗马，即以庄见惮。及列九

① 刘子翚（1101—1147）：宋建州崇安（今属福建）人，字彦冲，一作彦仲，号屏山，又号病翁，学者称屏山先生。著有《屏山集》，其卷三《汉书杂论上》谓："郑当时虽推毂士类，然极无操守。卜式虽朴直，然所行多诈，非汲黯之流匹也。太史公作《汲郑传》，班固则又以黯、式同科，是生不见知于武帝，死不见知于迁固也。"

卿，与丞相、大将军抗礼，致天子敬礼，不冠不见，社稷臣所以持身也。史于萧相国，非万世之功不著，于黯，非关社稷之计者不著，所谓辞尚体要也。黯之为社稷臣，不独庄助知之，淮南谋逆者惮之，武帝实自发之，而终不能用，则内多欲之故也。黯之为人，不独卫人惮之，大将军贤之，即武安侯亦不闻含怒，而弘、汤独深疾之，欲挤之死，则弘、汤为人，又出武安下哉！'黯学黄老之言'段，正与武帝及诸臣好兴事病民相反，'治务在无为而已'二句近复，然前郡守之治，后九卿之治也，其体各异，故分言之，且与张汤'文深小苛'、武帝'分别文法'反对。'黯为人性倨'段，亦与公孙弘怀诈饰智、阿谀取容反对。"

曾曰："处处以公孙弘、张汤相提并论，此史公平生好恶之所在。景、武间人才，以此传为线索。"

茅坤曰："郑君节义之士，惜太史公不能自勒为一传。"按：此说非也，郑君事止此，史不以专传为褒。

史公推许郑庄，好侠之习也，其推汲黯，亦曰游侠任气节、慕傅柏、袁盎。

儒林列传

茅曰："太史传儒林，不采道德之士，及其说经者之旨，独疏《六艺》门户，此其不知学之故也。"按：《史》以叙事，非以辨学。史公所谓"儒林"，本指汉之经生，非谓孔子正传。后世乃以儒为尊正之称，史公本无此意。

方曰："序曰'废书而叹'，儒术自是而衰也。自孔子修《六经》，明正道，困而不悔，诸弟子守道不变。至于战国，儒术既绌，孟子、荀卿犹遵夫子之业。遭秦灭学，齐鲁诸儒，讲论不绝。汉兴七十余年，自天子公卿皆不悦儒术，而诸老师尚守遗学，不肯曲以阿世，故武帝乡之，而遗经并出，凡此皆圣人之遗化也。自叔孙通以礼仪为①太常，诸弟子共定者为选首，始喟然叹兴于学，则已稍乡于功利

---

① 为：沪本无此字。

矣。至公孙弘以《春秋》至三公，而天下靡然向风。弘既曲学阿世，以至富贵，不能兴礼彰教，乃置博士弟子，使试太常，补卒史，诱以利禄，自是天下多文学之士，而儒者之道熄焉。自孔孟以来，群儒相承之统，经战国、秦、汉，绌灭摈弃，而末尝绝者，弘以一言败之，而其名则曰'厉贤才'，'悼道之郁滞'，吁可叹哉！"

按：此说极是。武帝本惩其祖父黄老刑名之弊，而用伪儒，弘乃其所特拔而与谋者也。

故子路居卫_{云云}

方曰："独言五子，皆世所隆也，外此则隐而不见者。"

其令礼官劝学讲议洽闻_{云云}

方曰："制所下二事，令礼官劝学，讲议所闻，使皆协洽兴礼，以为天下先，如改制度、易服色是也。弘议古者政教未洽，不备其礼对此，盖言礼之未易兴也。太常议兴乡里之化，欲士兴于学也。弘议为博士置弟子，郡国县道上秀民对此。"

吴宽曰："《董仲舒》、《胡毋生》、《瑕北江公》^① 三传，皆引入公孙弘，何也？弘治《春秋》不如三子，三子皆不显，弘位至公卿，史公微致不平之意。"

叶万曰："《儒林》诸公，皆取其廉直，而异于公孙弘者，盖对公孙弘而发，下卷《酷吏》则为张弘而发。史公受学于董仲舒，而不载《天人三策》，盖史公意本《春秋》，所以救时之失。《三策》虽合于正道，而当时不能行。"

冯班驳叶说曰："学官所立，传之有本，叙中甚明，非取廉直也。公孙弘自宜特传，此非不取。广厉学官，用酷吏，一代之大事，乃曰太史公为张汤、公孙弘，不亦末乎？子长不善张汤、公孙弘，则有之矣，非作传之本旨也。"

按：冯驳甚快。凡昔人务说是书为刺讥武帝时事者，皆视此。公孙弘

---

① 瑕北江公：《史记》中华书局 1959 年标点本作"瑕丘江生"。按："瑕北江公"与"瑕丘江生"皆误，据《汉书·儒林传》，应作"瑕丘江公"，此本"丘"误为"北"。

本学杂说，不与师传，故不书于此。不载《三策》，亦非必有意。史公载严、徐上书，而不载公孙弘对策，盖皆偶然耳。

酷吏列传

此篇首尾一贯，杨慎谓十人只是一篇文字，是也。今行本提行，皆非也。方评于脉络甚详，但往往谓此传叙彼事，与茅坤同，则泥于提行矣。今次第简说之。先举侯封、晁错，次举郅都，次宁成，次周阳由，次赵禹，次张汤，兼终禹事，出王温舒，次义纵，终宁成事，次王温舒，次尹齐，次杨仆，终温舒、尹齐事，次减宣，次杜周，终焉。叙诸人事，互见他人，尤为变化，皆不可截断。不得谓《汤传》终禹事，《杨仆传》终温舒事也。王若虚误认为某传某传，遂屡纠其支，赘矣。

王鸣盛曰："论称十人，盖不数杨仆，不当提行，后世陋儒所改。班氏因此遂以仆列酷吏数中，子长不数也。且仆为将军，班以征戍事皆入《酷吏传》，事①尤不类。"

按：此说是也。但杨仆何尝不可入酷吏数内，史公以其不甚酷，而略之不数耳。尚氏谓仆勇将，不宜入，亦非。

王鸣盛曰："子长不忍抑晁错、侯封，不明目之为酷吏，而不数者，子长意以酷吏惟郅都当景帝时，余皆盛于武帝之世。侯封，高帝时人，故略而不数。于郅都特提云'是时民朴，而都先严酷'，深著首恶，以为世戒也。次叙宁成、周阳由，皆由景入武者，而又提云'武帝即位，吏治尚循谨，然由最酷'。末又结之曰'自成、由后，事益多，大氐吏治类由、成等矣'。见酷吏多，而政治坏在武帝世也。又次赵禹，而言禹'晚节，吏愈严，而禹治反名为平'，其用意如此。"

按：王谓深贬郅都是也。至说侯封不数之意，则迂曲不明。封殆事少无传耳。其论子长节次，用意则甚简明，反过于方评。

---

① 事：沪本无此字。

梁氏历引权德舆、王世贞、全祖望郅都不当入酷吏之说，而驳之曰："史公明云'都先严酷'，此是罪案。"按：黄震已明此义，酷吏本不皆非，有刚严者，有残刻者，论中明言"廉者足为仪表，污者足为戒"。凡史家类传，皆举一代风俗，其人虽同风而各有邪正。及微细处，功过轻重，皆直书其事而自见，后世必较量区分，反滋议论，而非古人之意也。

与汲黯俱为忮，司马安云云

此节文义，论者纷纷，惟钱大昕说为是。王应麟、王懋竑①谓以黯侪由为非，乃过尊黯之见耳。此但言俱忮，岂遂等视之乎？

> 方曰："宁成、周阳由之前，不过吏之治酷而已。赵禹、张汤而后，则朝廷之用法益刻。"

> 吴曰："此传以张汤为主，故叙汤事独详。郅都、宁成，汤之先声；而宁成、周阳皆汤所事；王温舒、尹齐、杜周皆事汤者。义纵虽未事汤，而纵以造五铢白金而用为内史，汤所兴事也。至赵禹、减宣，则尤与汤相出入矣。《汉书》去张汤，失史公本意殊甚。"

按：此说非也。本总叙酷吏，何分主客？吴氏所说，已多强引以连汤，况又有未引及者邪？《汉书》虽去汤事，此文之连贯处，固未损也。

自温舒等以恶为治

> 梁曰："自此至'以文辞避法焉'，一段，无端横入，不成章法，乃《汉书·减宣传》尾之语，后人妄取入《史》，而又误置于此也。盖《汉》传《减宣》已上，皆袭《史》元②文。《田广明》已下，孟坚自作，故以斯语结之。且徐勃等阻山攻城，天子遣使者绣衣治盗事，在天汉元年，沈命法更在后，则非史公所撰益明矣。"

按：梁氏此说，当分别观之。其以此段后半遣绣衣及"沈命法"为不合太初之限，疑为有续加语，犹可信也。若以前半总述诸酷吏为横入，不

---

① 王懋竑（1668—1741）：清江苏宝应县（今属江苏扬州）人，字予中（一作与中），号白田。其著有《读史记疑》、《白田草堂存稿》、《朱子文集注》、《朱子语录注》、《读经记疑》。其作"上追《左》、《国》、《史》、《汉》，究其源流始末"。《读史记疑》卷六、卷七为读《史记》发疑之作。

② 元：沪本作"原"。

成章法，则妄矣。《史》焉有一定章法，上文叙至王温舒，故此自温舒后总言之。然后下文追叙减宣、杜周曰："宣自杀而杜周任用"，随即叙周曰"与减宣相编，更为中丞，其治与宣相放"，衔接显然。班氏既别传杜周，故将此段总言移入《减宣传》，此自不得不然。班氏《杜周传》仍用史公之文，与宣"相编相放"云云，皆如其旧。在《史记》衔接者，在《汉书》则分裂，痕迹甚明，有目者所不能掩。知班之移彼文，则知班必移此文，而此文之非录班语明矣。

周中废

梁曰："此下乃后人增入而谬者也。杜周于天汉二年为执金吾，明年为御史大夫，四年卒。而'两子夹河为守'，正当周为副相时。《史》讫太初，皆非所载。至卫太子巫蛊事，在征和二年，周已卒四年；桑弘羊之诛，在昭帝元凤初，更后十余载矣，安得言周为执金吾捕治之，因迁御史大夫乎？周之子延年，显于昭、宣之际，訾数千万，孙缓、熊等元、成间至大官，乃谓周列三公之时，'子孙尊官，家累巨万'，不亦诬欤？"

按：梁此说亦当分别观之。周为三公，已在天汉，疑为后人所增犹可。若子孙尊官止一"孙"字可疑，此自浑词耳。若以为谬，则《汉书》固亦如是，岂班氏亦谬邪？至桑弘羊事，则本文原不言是卫太子及弘羊诛事，而止云卫后弘羊昆弟子。姚鼐[①]谓《武纪》有天汉二年止禁巫祠道中及大搜事，或弘羊与卫后昆弟子有相连逮者欤？此说是也。

崔适曰："此传既非《史记》所有，《汉书》亦非班固之旧。班氏赞曰：'自郅都以下，皆以酷烈为声，然都抗直，张汤阿邑人主，杜周从谀，以少言为重。'若是，则张汤、杜周与郅都同传明矣。下云'汤、周子孙贵盛，故别传。'然则何谓'自郅都以下'乎？《周传》云周'以少言为重'，正与《酷吏》赞语相应，仍可为周在《酷吏传》

---

① 姚鼐（1731—1815）：清安徽桐城人，字姬传，一字梦谷，室名惜抱轩，世称惜抱先生、姚惜抱。与方苞、刘大櫆并称为"桐城派三祖"。著有《惜抱轩全集》等。编选《古文辞类纂》，认为正史的传不算传状类，所以《古文辞类纂》只收韩愈《圬者王承福传》、柳宗元《种树郭橐驼传》等。其《李斯论》谓："苏子瞻谓李斯以荀卿之学乱天下，是不然。秦之乱天下之法，无待于李斯，斯亦未尝以其学事秦。"

之证。不然，岂有赞离本传而附他传者乎？'少言为重'一句，此传所无，而赞语有之，文无所承，是亦割裂《汉书》之据。'少言为重'叙于'与宣更为中丞十余岁'后，在元封间，亦'麟止'后语，太史公无由入赞。于杜周云'捕治桑弘羊、卫皇后昆弟子刻深'，《史》、《汉》皆有之，在《汉书》固已颠倒世次，在《史记》且豫及昭帝时事矣。且吏之酷，至王温舒、杜周而极，反为此传之主人翁。此传尚不为郅都、宁成辈作也，其事多在太初后，故知非太史公作，而班固创为之。汤、周皆在传中，别为其子安世、延年作传，后人徙汤、周事于《安世》、《延年》传首，而增《酷吏》赞，末云汤、周别传，致与上文义不可通，后人复从未徙之《汉书》，去其田广明以下，录入《史记》，其后又多讹脱尔。如宁成、周阳由章称'武帝'，不成太史公语。张汤章，一称严助，两称庄助，东汉讳'庄'，因改为'严'，此传庄、严杂出，非《史》非《汉》矣。"

按：崔氏此论可谓详曲矣。鲁者骤观，殆不能得其端绪，实则不足怪也。彼欲自圆其说，辗转求通，如人倒立，则看天作地耳。盖彼于诸传记元狩以后事者，悉以为出《汉书》，至此传则《史记》显是浑成一篇，《汉书》显是割去张、杜，无可奈何，遂更谓《汉书》亦遭人窜改，而《史记》乃是《汉书》未窜之本。如此一转移间，以主为盗，而复以盗为本是主人矣。因谓此书窜，遂谓他书亦窜，以至无所不窜，是固今文家消灭敌人证据之一良法。然而吾见其徒授人以柄也。即如崔氏此说，其前半所言，罔非《汉书》分割《史记》之证，而其说又有误者。班虽割去张、杜，然赞语"自郅都以下"未尝不通。以郅都后宁成、周阳由以降尚多，固不止张、杜也。论云"杜周从谀，以少言为重"，无论崔氏"麟止"之说，本不足信。即使可信，此亦何害，岂周于元封前多言，至元封乃特少言乎？史家叙性行，或在此，或在彼，岂实指其年？此虽三尺童子亦知之。若崔氏言，则史家常有于卒后叙性行者，岂死为鬼乃然邪？桑弘羊、卫皇后云云，上文已辨。酷吏自是一时风气，自周阳由以后已盛，特至王、杜为尤甚耳。《史》记一时风气，无所谓主人翁，不特王、杜非主人，即宁成、义纵、张汤亦非主人。如崔氏言，岂谓王、杜从前犹不足为酷，不值作传邪？"武帝"之称，史多有之，裴骃所见本已然，已明其为后人所改。庄、严歧出，《汉书》亦然。《艺文志》书庄葱奇，岂又西汉人书乎？唐讳"民"为"人"，讳"治"为"理"，今《后汉书》章怀注本，人、民、治、理杂出，岂亦非唐人，非非唐人乎？崔氏此说本不足驳，缕缕如是者，见考证之不容任意也。正惟班氏割此书而别作《杜周传·赞》，故以此赞语入传中耳。"少言为重"乃言其性行，与上文"郅都伉直引是非"、"张汤知阴阳人主"，"赵禹据法守正"，同为综括之语，何必传中有之，乃可入赞？即《班书·酷吏传》亦岂有"伉直"、"知阴阳"云云邪？

虽惨酷，斯称其位矣

张照曰："深其文，使读者自明。"王鸣盛曰："此乃纡其词。"

大宛列传

《索隐》曰："此传合在《西南夷》下，不宜在此。盖司马公之残阙，褚先生补之，失也。"崔曰："此后人直录《张骞李广利传》也。"按：归之褚生固诬，以为《汉书》，尤悍矣。《汉书》张、李传除此传事外，止取《卫青传》数语，而张、李无他事，显是取此而改名。以已有《西域传》，故不仍《大宛》原名耳。正惟大宛事已详此，故《西域传》不更述，而别为结构。使如崔言，则班氏何不并之《西域传》，而又作此支指乎？

王鏊曰："《史记》不与张骞立传，其始附《卫青》，而于《大宛传》备载始末。若《汉书》，则《大宛》、《张骞》各自为传矣。"
董份曰："本欲立《张骞传》，而以骞不足立也。"
茅坤曰："大宛事以张骞没后十余年而始举，迁特恶骞始倡，故通篇精神，归骞一人。"

按：诸说皆非也。皆由见《汉书》改题《张骞》，而有此纷纷拟议。实则《史》篇本以事为主，或述人而事见，或述事而人见，形式微异，实则无殊，固不以为褒贬，尤不拘于题名也。

方曰："诸国地势、道里，皆以大宛四面言之，列叙诸国，皆牵连大宛。"

游侠列传

先大父曰:"战国纷争,是非不明,赏罚淆乱,任侠之风,由是而开。汉兴,不能修明礼乐,以道化民,故侠尤著。史公遭刑,家贫不能自赎,而亲故又无人为之援救,故有感于游侠之徒赴阨之义,特为立传。然其事本不可训,其人又何足称?故先言韩子之言,将通篇主意提明,下乃层层申说,反复感慨,只为真儒受困,俗儒称显,不可少游侠一辈,非遂谓游侠优于儒修也。篇中宾主自明,特其行文变化,观者易于眩目。"

按:明人说此篇,皆认史公为真谓儒不如侠,今不具驳。

殿本《考证》张照曰:"迁志所不满,莫若公孙弘及卫、霍,此言儒不如侠,其所谓儒,即指公孙辈言。"

此说稍近,而仍未明也。

韩子曰至世云

方曰:"谓二者实皆可讥,而学士则多见称于世,盖有感于游侠之独为儒、墨所排摈也。"

大父曰:"以俗儒、游侠同论,则非重侠矣。学士该下文季次、原宪之流,侧重学士,已定是非。"

至如以术至无可言者

方曰:"此谓公孙弘、张汤辈,其行事具在国史,鄙琐龌龊,不足道也。"

大父曰:"指小人假托儒修,幸致显位,以固无可言,轻轻放过不论,盖指斥当世,有微词也。"

及若季次原宪至志之不倦

大父曰:"'及若'二字,郑重之词,二子真学士也。"按:此本扬词,明人误以为抑词。

今游侠至足多者焉

大父曰："'不执①于仁义'，已断游侠之非。"又曰："此段分出三项人来，盖游侠正因俗儒苟贵，而真儒偃蹇，特创为急难赴义之行也。"

按：战国学士多妾妇之行，汉武崇儒，本以摧辱士气，登进者皆怀禄近佞，其后竟以此亡。史公史公②己见其祸源而愤之，故特表侠者。儒、侠本不相能，由俗儒遵用法家之术，而其行又偏于柔谨也。此节以侠次于季次、原宪，言儒③不苟合，而弟子志之，侠亦足多。

且缓急至何可胜道哉

大父曰："此段乃自言作传本旨。"王氏曰："此引伊、傅，又在季次、原宪上，史公眼光，彻上彻下。"按：此说非也。此引其遭厄，非以与儒、侠比较也。

鄙人有言曰至又曷可少哉

大父曰："借鄙人之言，发出感慨，见世俗好恶不明，是非颠倒。圣贤既不见知，而游侠又以不轨置之，盖无以发抒公道矣。'其徒诵义无穷'以上，皆鄙人之言也；'窃钩'三句，亦谚也；'今拘学'以下，乃史公自言。'拘学'即季次、原宪之类，本非拘学，史公承鄙人之论而言。盖伤之，非毁之也。"又曰："此段感慨，是史公自遭戮辱不见援，而为此言。然其宾主自明，义理自正。"

按：方氏说"卑论侪俗"，为"曲学阿世"是也，然又谓此段讥"拘学"，始或抱义，及不为世所取，则变其初志，以为不若与世浮沉，此则未明"拘学"及"岂若"二字也。"岂若"止是谓不如彼，是叙述语，非论断语，《孟荀列传》亦用之。而"布衣之徒"以下，乃侧重侠，言季、原辈穷窘，尚须赖侠，故功力不可同日语。班氏讥为"进奸雄，退处士"，即指此辞气抑扬间也。张照谓首引季次、原宪，岂游侠所敢望，亦于文义

① 执：《史记》中华书局1959年标点本作"轨"。
② 史公史公：两"史公"二字当衍一"史公"二字。
③ 儒：沪本"儒"后有"家"字。

不合。至王氏谓"士穷窘而得委命"句是一篇主脑，游侠只不肯委命耳。此说意未读通正文矣。

> 方曰："'窃钩者诛'，喻侠客之捍文网也；'窃国者侯'，喻弘、汤诬上残民，以窃高位也；'诸侯之门，必有称诵其仁义者'，讥世人不知弘、汤之丑，而称羡之也。"

按：方说上二句是，说"侯之门"二句，则与《索隐》说同为不通。余有丁曰："此即上文'向其利者为有德'意也。"此说是也，言仁义惟存于侯门耳。

近世延陵

杨慎曰："吴季札也。既重游侠，必援名人以尊之。"顾炎武曰："季札遍游上国，与名卿相结，解剑系树，有侠士之风。"梁氏曰："季子非侠，疑衍此二字。"崔说同。按：顾说是。侠本二事，一好士，一赴阨，非必招士，亦不限于闾里之雄也。

165

然关中长安_至之羞也

> 张照曰："此后人所增，玩前后文义自得之。"
> 崔氏曰："上言'敖而无足数'，下又言'有退让君子之风'，则不可谓之敖。又'北道姚氏'以下，正所谓无足数者，而又数之，岂不与上文相矛盾？此妄人从《汉书》窜入尔。"

按：此二说皆无理。张氏盖误以先序中叙事后论为定例耳，崔说则不通文义。"敖而无足数"下明有"然"字，何乃熟视无睹？"无足数者"言无足称，非名亦不足举，正惟皆此等人，故无佼佼可数者耳。

佞幸列传

> 曾曰："以本朝臣子，而历叙诸帝幸臣，此王允所谓'谤书'也。"

按：古人质朴，佞幸人人所知，非讦阴私也。

崔曰："此后人录《汉书》也。《太史公自序》谓《春秋》主乎作，故'善善恶恶，贤贤贱不肖'。《史记》主乎述，故一则曰'论载明主贤君忠臣死义之士'，再则曰'载明圣盛德，述功臣世家、贤大夫之业'。此开名臣言行录之先声，非为司空城旦书也。是故传游侠，贤其赴士之阨；传滑稽，贤其可以解纷；传货殖，贤其人富而仁义附焉，此皆有益于人国，故传之。传之者，贤之也。原注曰：王者亲属不在此例。何贤于佞幸而传之？若《汉书》，则訾游侠，贬货殖，自当传佞幸耳。即以此传之事实征之，邓通、韩嫣皆非色衰爱弛，比以弥子瑕为不伦。惟李延年事稍似，然非'麟止'前事。"

按：崔说非也。事逾"麟止"不必多论，弥子瑕爱憎之语，止略为譬况，不可泥视。至谓传乃贤之，是则大谬《史》法之言矣。向来儒者，此知褒贬善恶，已使《史》狭。今崔氏乃拟之方志之扬善隐恶，又向来未有之怪说也。《自序》所述，本是巽词，其言论述功业德行，亦凡为史传者之所同，实则所书，固不止贤贤。《史》以记时势，传人乃其第二义，固非司空城旦书，亦岂名臣言行录？崔氏直以《货殖》为贤之，浅妄甚矣。《史公书》之非名臣言行录，有目皆知，何待多说。彼吕不韦、李斯、魏豹、彭、黥，又何贤而传之乎？史家论人本宽，措辞本婉，善善从长，岂可为止书贤者之证？《自序》中尽举所长，即佞幸亦云各有所长，非崔氏者，又将以为贤而传之之证矣邪？

卫青霍去病云云

王鸣盛曰："末忽赘二语，若二人，本可入《佞幸》者，子长措词如此。"按：此谓二人虽幸，而非如诸人之以色与伎，乃别白之词。如王说，反成巧诋矣。

滑稽列传

孔子曰至可以解纷

刘辰翁谓从《六艺》庄语说来，即太史公之《滑稽》，王若虚不能解而讥之，董份则疑其有误，皆非也。吴谓发端，见有盖于治者非一途，此滑稽之所以可传是也。此明《六经》之用已不同，道无不包，滑稽亦有用，亦天地间一术，故必书之。此史家之宏识也。"滑稽"二字之义，以崔浩说为当，非笑噱也。尚氏以为游戏之文，更妄矣。

优孟与淳于先后之误，自是误采杂说，史公往往有此，不必护也。诸说皆不安。

王氏谓褚补淳于一章复出，所载又不关要。东郭先生后"王夫人"一段赘设，且又复《外戚》，均属无谓。按："献鹄"一节，补记耳，后人以为误入，则不足六章矣。"王夫人"一节，当是后人因文中王夫人而侧记之，混入正文，未必褚氏原本也。梁氏谓补文叙次特妙，非他所续之芜弱。董份疑为旧文，褚生取而编之。按：生明言从外家传语取入，何疑之有？

黄震谓西门良吏、东方名臣，褚氏例取附之优戏之列，非是。

梁氏曰："六章惟郭舍人、东方生、东郭先生、王先生四章为类，但东方颇能直言切谏，安可与齐赘优伶比。东郭之白卫将军、王生之语太守，皆便计美言，何谓滑稽？剿入①'献鹄'一节，殊失之赘。西门豹，循吏也、尤为不伦。"

按：梁说本于余有丁，实皆非也。滑稽乃一流之称，不论其贤不肖，直臣、循吏，何尝不可有滑稽之语？褚生明言"作滑稽之语"，则特著其语之滑稽者，不论其人也。东郭固滑稽，王生之言，亦正与郭舍人、东郭先生相类，皆诡言也。诡言即滑稽，非必谐笑也。

日者列传

梁曰："《史》缺此传，褚生取记司马季主事补之。《序论》亦伪托，然其文颇可爱诵。"

《考要》曰："盖沈沦隐遯，不得志于时者之言，未必出少孙。"

董份曰："自有当时旧文，而褚述之。"

按：褚生所补者后半也，前半则非。凡褚所补，皆明标"褚先生曰"，其不标者，即使非原文，亦必他人所补。续《史》者多矣，岂止一褚生，无据而归狱，不可也。且《史公书》本无所谓序，而此文尤不可谓之序。

---

① 入：沪本作"人"，恐误。

此前半篇刘辰翁谓非褚生所能，吕祖谦则竟谓是史公作，然其文全与《自序》不相应。《自序》称齐、楚、秦、赵各有俗，观其大旨，则传中必详言其俗。盖史公之立一类传，皆以明其事之源流，如《游侠》、《货殖》皆然，非如后世多立名目，以备收入。而此篇乃但言"周尤甚，秦可见"，"太卜由汉兴而有"，语殊稚谬。下便接"司马季主"云云，末又云"卜人不载，多不见于篇"，此岂史公眼界耶？果史公多不见，则此传为赘设矣。且《日者》既与《龟策》分传，则非卜筮明甚。而此传首乃与《龟策》叙首同，传中又皆言卜筮，亦显不合。梁氏以为伪托，柯、董以为旧文是也。王拯亦直认前半为史公文，曰"史公意固以日者不足传，传季主其人而已"，此论尤谬。既列《日者传》，自当传日者。日者亦一术，何为不足传？若但表季主，何为名曰《日者传》乎？吾谓褚生时此篇尚未亡，故褚止补记，而未如《三王世家》、《龟策列传》言"求之不可得"。迨后此篇亡，而妄人从见褚生附记季主，遂钞他书季主事为传，而妄足首数语耳。

龟策列传

梁氏曰："《史》此传亡，褚生补之，而其序则托之史公者也。史公《封禅书》首曰'自古帝王，曷尝不封禅？'而《日者》序曰'自古受命而王，何尝不以卜筮？'此序曰'自古圣王，何尝不宝卜筮？'胡屡袭之耶？'余至江南'以下，尤义支辞弱，但衍宋元君事语奇恣。必当时旧文，而褚述之。"

按：此前半，亦不可归之褚生，褚生明言"取龟策卜事，编于下方"。若前半亦其所补，则当云"上方"矣。褚生明言"求《龟策列传》不能得"，则此篇为伪本无疑，且其文与《自序》所谓"略窥其要者"亦不合。方氏谓文气类班孟坚，非少孙所能作。"余至江南"以下，义支词浅，或少孙所为耳，此亦未免臆断。董份谓"闳博精雅，惜不全，而褚补之"。洪迈、何焯、钱大昕则据"今上即位"之文，以为史公原文，吴汝纶亦谓"是子长意境，非褚所能拟"。按：止以文论，此篇未尝不似史公，然要不得以为史公元文者，则褚生之言明白，不可诬也。王拯直认定为史公之文，而谓叙丘子明事有意，则可怪矣。

宋元君事，杨慎谓"不似褚先生笔，必先秦、战国人所记，亦成一家，不可废"，此说是也。此必战国游士之文，故主强权而贱仁义，观"故云神至能"以下断语，可知是诸子书也。

崔适谓："此二篇，例以《三代世表》、《梁孝王世家》、《滑稽传》褚先生补，甚不类，亦非才妄续。"此则并褚生自记语亦不信，尚可与辨邪？

《史通·编次篇》曰："子长之列传也，其所编者，唯人而已。至于龟策异物，不类肖形，而辄与黔首同科，俱谓之传，不其怪乎？且《龟策》所记，全为志体，若与八书齐列，而定以书名，庶几物得其朋。"

按：传非专主于记人。"龟策"者，一术之称，与《日者》、《货殖》、《游侠》相同。"不类象形"之言，与儿童之见何异！凡传皆以事为经，人为纬，今本之无人名，乃非元本耳。若谓当与八书齐列，则《日者》、《扁仓》皆当为书乎？

货殖列传

此篇论者甚多，如茅坤、董份、则以为自伤，陈仁子、赵汸[1]、闵如霖[2]，则举"王侯患贫"、"秦皇客巴清"之文，以为讥世争利。后世论者，率不外此二说。

归曰："《货殖传》本以愤慨而成，然诸方之风俗、物产、人情变态悉具。遇所感激，则偏宕其辞，以示玩弄古今之概。"

殿本《考证》张照曰："《史》以《货殖传》终，所以见先王《诗》、《书》、《礼》、《乐》之泽，至汉武之世，而荡然无遗，盖伤之也。"

王氏申张说曰："先王驭贵驭富之权，操之自上，日渐凌夷则不驯，至一商贾之天下而不已也。"

---

① 赵汸（1319—1369）：元末明初休宁（今属安徽黄山）人，字子常，世称东山先生。其著有《东山存稿》、《周易文诠》、《师说》、《左氏补注》、《春秋集传属辞》。自谓："读史书仅考《左氏传》，亦不能记诵，其他自《史记》而下，治乱成败之说，皆力不能及。盖以久病早衰不能勉强，非自弃也。"

② 闵如霖（1502—1559）：明浙江湖州人，字师望，号午塘。其著有《午塘集》十六卷。

恽敬《大云山房集》曰："《史记》七十列传，各发一义，皆有明于天人古今之数，而十类传为最著。盖三代之后，仕者惟循吏、酷吏、佞幸三途，其余心力异于人者，不归《儒林》，则归《游侠》，归《货殖》，天下尽于此矣。其旁出者，为《刺客》，为《滑稽》，为《日者》，为《龟策》，皆畸零之人。是故《货殖》者，亦天人古今之大会也。"

蒋湘南《读汉书货殖传》① 曰："世道之变也，岂不以贫富哉？古之时，九职任民，愚贱之业，皆君相代谋之。春秋之世，贫富已分，始有子贡、计然之术。至战国，则秦散千金而六国之士斗矣。使陈涉、吴广半猗顿之家，何至有篝火狐鸣之举也？封建废，则民与君隔；教化衰，则谊比利轻；金钱行，则本为末绌。君相不为民谋，民不能不自为谋，故《货殖传》者，三代下最重之经济也。太史公识高千古，洞悉五方利源，创为一书，以示治生之鹄。推而极之，遂以陋儒之不知治生，而矫语仁义者为可耻。班氏虽讥其重势利，然亦② 以'法度无限，世变难回'为言，均非井隙窥天者之所得知也。子长才大而识高，孟坚学醇而论正，于此传见之矣。"

按：诸说皆浅，惟蒋得之，而犹未尽。生计者，史之大事，本不容不书，非必特有用意。后史惟书上之政，而不书下之事，遂使一时生计，无所考见，识既陋狭，乃反诧此为异，谓为愤慨，玩弄讥刺耳。篇中固有感慨讥刺之言，然此篇固不为感慨讥刺作也。张语尤模糊难解。恽氏知其义大，而又妄凿，史书古今之变，岂专为人才？且汉世说经得官，儒林乃是仕路，岂止有循与酷邪？

老子曰至用此为务

杨慎曰："将信己说，而先引老子破之，以为必不然，此健吏舞文手也。"按：此止引以当叙述，后文亦未尝破此。

---

① 蒋湘南《读汉书货殖传》：蒋湘南（1795—1854），清固始（今属河南）人，字子潇。《读汉书货殖传》收入《七经楼文钞》，其他还有《书史记六国表后》、《再书史记六国表后》、《书汉书诸侯王表后》、《书汉书古今人表后》、《读汉书儒林传》、《读三国志》等史学考订文章。修纂《蓝田县志》、《泾阳县志》、《留坝厅志》、《同州府志》、《夏邑县志》、《鲁山县志》等。

② 亦：沪本无此字。

輓近世涂民耳目

方曰："以心计取之、乃谓不加赋而国用足者是也。"按：此谓不似上古耳。首引老子，史公本学道家，道家本不尚货利交通也。方说凿。

故善者因之至整齐之

方曰："嗜欲既开，势不能闭民欲利之心，而返于至治之极，故善者不过因之、利道之而已。其次教诲整齐，犹能导利而上下布之也。"

夫西山饶材竹至自然之验邪

方曰："古者国①有分土，民安其居，无远商大贾，故略举土所出，此善者之所因也。"

《周书》曰至拙者不足

方曰："此因之、利导之事也，虞夏以来之政术也。"

于是太公劝其女功云云

方曰："此教诲整齐之事，王道之始也。"

其后齐中衰以下

此明重商启侈，始于管仲。

夫千乘之王云云

归曰："此非有激，安得如此云云。"按：此亦实语，不为激。

计然曰云云

方曰："太公、管仲，富国之巧②者也，计然以富家之术施于国，则少贬矣。"按：管仲、计然术同耳，方说微误。

范蠡既雪会稽之耻云云

柯曰："陶公治产，已详《越世家》，子贡废著，亦见《仲尼弟子传》，太史特引以证上文'好行其德，非为二子作传也'。"

---

① 国：沪本作"固"。

② 巧：沪本作"高"。按：下一句"范蠡既雪会稽之耻云云"作者按语所引"方曰"亦作"巧"："方曰：'陶朱、子贡、白圭，富家之巧者也。'"似当作"巧"者是。

按：谓非为二子作传固是，谓为证上文则非。二人自是货殖之雄，言源流不得缺之。

　　方曰："陶朱、子贡、白圭，富家之巧者也。故并以'能试所长'许也。猗顿而下，则商贾之'诚壹'者耳。"

按：列子贡于《货殖》，自来讥者甚多。刘知几以为掩善扬恶，黄震谓以纤瑕而污拱璧，皆非也，已详《史通驳议》。货殖本非污行，岂入之则为贬，出之则为褒邪？史公非不知尊子贡，已列于《仲尼弟子列传》矣，又入之此，以明货殖之源流也。史家类传皆总挈政俗，非品第高下以为褒贬。本以事为主，故一人两见，后人不知此，遂纷纷多言耳。

夫使孔子三句

　　方曰："汉时富商大贾，得与王者同乐，而封君低首仰给，所谓'势盖彰'也，不敢显言，而转以子贡当之，谓子贡之所以显闻，乃不以其学，而以其财也。"

按：此本史公误取战国杂说扬厉过甚之词，方说凿矣。

汉兴云云

方曰："'汉兴，海内为一'，舟车无所不通，故详载行贾之地，道里疆界所凑，并及其民性质习俗。"按：史公记生计而兼及地势民风，以三者相成也。

昔唐人以下

　　归曰："三河为纲，杨、平阳则河东也，因北贾种、代，即穿叙种、代、温、轵、河内也；因北贾赵、中山，即穿叙中山。又因赵而穿出燕、涿、郑、卫。洛阳，河南也，因东贾齐、鲁，南贾梁、楚，即穿叙齐、鲁、梁、楚，因及越海，九州之大，一索贯成。"

　　余有丁曰："《货殖传》列东西南北，其中又分都会，如《禹贡》分某山某水为某州者，其胸中包括舆地已尽，如行旅逐胜，可画为图。其言缕缕，欲断不断，不可分界。"

按：三河之后，尚有颍川、南阳，归氏漏数。汉世封建大势，天子独有三河、东郡、颍川、南阳，故以此为纲。

由此观之贤人深谋至归与富厚也

方曰："岂真能守信死节，特深谋议论时云然耳。盖谓赵绾、王臧之属，隐居岩穴，设为名高。谓公孙弘之属，以士大夫而阴怀欲富之心，则与攻剽椎埋，赵女、郑姬无以别耳。"

按：方说凿甚，比①拟亦不伦。要由不知货殖为本当书，而务说为刺讥耳。此以下一段，即老子"熙熙攘攘"四句之衍义。

谚曰百里不贩樵云云

此下撮言当世众流生计，最为简明，与上述风物处，真才识具备之文，较诸刺讥之语，尤为贵重。

是故本富至亦足羞也

三代后，士无田而商大盛，天下所以乱也。许白云谓"儒者以治生为急务"② 即此意。君子须有所资，乃不营非礼之富贵也。王若虚谓"'好语仁义'岂可羞，迁之罪不容诛"。甚矣，其不明文义也！

皆非有爵邑奉禄，弄法犯奸而富云云

此语扬商贾，所以贬贪酷之吏。

岂所谓素封者邪，非也

何焯曰："只两字掉转。"张照曰："'非也'二字作结，伤世意彰彰可见。"按：此说竟是不通文义，此犹言"所谓素封者非邪"，"非也"二字，如何可以截断？

《索隐》谓《管晏传》当附子产、叔向。

梁氏曰："《困学纪闻》谓传伍员而不传包胥，非所以劝忠。《野

---

① 比：沪本作"此"。
② 儒者以治生为急务：引文见许衡《鲁斋遗书》卷十三《国学事迹》。许衡（1209—1281），金末元初怀庆路河内（今河南焦作）人，字仲平，号鲁斋，世称"鲁斋先生"，著有《读易私言》、《鲁斋遗书》等。

客丛书》^①谓不列《纪信传》，疏于节义是也。余谓夏商周帝臣王佐，虽代不乏人，而世遥事逸，故但据《诗》、《书》所称一二大端载于本纪。若《春秋》之际，名德显暴者，尚有如柳下惠、孟献子等，何为盖阙？汉时传邹阳而不传贾山、枚叔，传徐乐、严安而不传终军、东方朔，去取之义，亦未晓。"

按：春秋名人已见《左传》，包胥、纪信、终军事亦无多，其事固亦未尝阙。《史》本不以特传为褒，何可遂以为贱节义邪？贾山仅一疏，而史公于疏多不载，即贾谊、董仲舒之作亦不录也，东方朔亦然。班氏之录成长篇，特尽取其小事耳。《史》之书事多不详整，或由采访不周，或由本不关要，于去取大旨奚妨乎？

太史公自序传

梁曰："史公《自序》本在七十列传中，《索隐》本作《太史公自序传》是也。各本篇题俱缺'传'字。"按：此说极是。观篇末"第七十"三字，可见其不言叙传"第七十"者，以本篇即叙传，无庸著也。乃昔人犹多不信，不思此若不在列传中，则止六十九矣。褚少孙于《三王世家》、《龟策列传》引此，皆作《太史公之列传》是确证。又江淹有《自序传》，见本集。

论六家要指

曾曰："此即迁之学术，托诸其父子词耳。"按：此无稽之言也，迁自承其家学耳。

---

① 《野客丛书》：王楙撰。王楙（1151—1213），南宁福清（今属福建）人，字勉夫，时人称"读书君"。《野客丛书》以考辨典籍、杂记宋朝及历代逸事为主，"分析具载，厘正时误"。自解书名曰："仆间以管见随意而record，积数年间卷帙俱满。旅寓高沙，始命笔吏，不暇诠次，总而录之为三十卷，目之曰《野客丛书》。井蛙拘墟，稽考不无疏卤，议论不无狂僭，君子谓其野客则然，不以为罪也。"此处所引见卷一"班史略于节义"条："班史于节义事率多疏略，如纪信诳楚而烧杀，不为立传；周苛骂羽而烹死，因《周昌传》略载。此固失矣，然犹得其姓名，可以传于后世。郑当时，其先郑君，尝事项籍，籍死属汉，高祖悉令诸籍臣名籍，郑君独不奉诏，于是尽拜名籍者为大夫而逐郑君，此事见于《郑当时传》首。朱建之子使匈奴，单于无礼，骂单于，遂死于匈奴中，此事见于《朱建传》尾。惜皆不得其名，所谓郑君、之子，不知其何人也。"

虚者道之常二句

虚、因，固道家之宗旨，而亦史家之要术。观变必以虚，而熟于变，则必主因循矣。史公载其父此言，非独明父之学也。

有子曰迁

梁曰："《史通·杂说篇》讥'《叙传》不书其字为失忘，班固仍其本传为守株'。余谓《史》、《汉》中名而不字者甚众，不独子长，孟坚仍《史》，以示不敢改易之意耳。"

不得与从事二句

梁氏曰："此不免失言，封禅之误，君子嗤之，即《封禅书》亦深议焉，而乃以其父不与为恨乎？"按：史公本不以封禅为非，所恶者怪迁之说，侈大之心耳。在当时，封禅自是大礼，恨不得与，自是常意，非谄附也。方氏谓恨不得与从事而辨其诬，亦不免深求。后世儒者，但知恶封禅，而实未详读《封禅书》耳。

正《易传》云云

此即班氏纬《六经》之说也，非故为夸也。

上大夫壶遂曰云云

此两层问答，乃后世设问明意之祖。第一问，明上文"《诗》亡然后《春秋》作"之义，明此书之继《春秋》也。恐人以为专于讽刺，故重明其义，谓主于彰汉德。班氏《叙传》首即专以颂汉德为义。史公援《春秋》为祖，乃体①义所由来，其不尽合，乃其未到圣人后世，自不得推继《春秋》也。

夫礼禁未然之前云云

《春秋》之义亦如此，史公所谓"思来者"，亦即此义。

《春秋》采善贬恶至谬矣

冯班曰："太史本意学《春秋》，此巽词也。"

175

太史公书知意 六

---

① 体：沪本作"礼"。

于是论次其文，七年，而太史公遭李陵之祸

方曰："'太史公'三字，少孙所妄增也。篇首曰'谈为太史公'，则不复以自谓明矣。"按：此不知"太史公"为官名之言也。惟是官名，故可自称，故可父子同称。且惟是官名，故曰"谈为太史公耳"。昔人不信官名之说者，以书中"太史公"为杨恽加，今方又归罪少孙，尤冤矣。

故述往事思来者

此即章实斋论史举"神以知来，智以藏往"之义，"往"者非史无以传，"来"者非史无以鉴。

卒述陶唐以来，至于麟止，自黄帝始

《索隐》曰："《史》以黄帝为首，而云'述陶唐'者，以《尚书》雅正，故称起于陶唐。"按：此说是也。崔适谓自黄帝始，乃旁记入正文，下文已言"维昔黄帝"，此何待言？此言乃可笑，然则陶唐以来，亦何待言邪？

"维昔黄帝"以下，《序目》也，古书序即目。所以必为此者，明其联属，皆有义类，不可乱也。故历数篇而次撮约其事，本其体于《易序》，周秦间儒者用之于《书》、淮南用之于《鸿烈》，其后扬子云《法言》、班氏《汉书》，王节信《潜夫论》① 亦仿之，自范蔚宗妄改以为赞，而附之论后，致重复而无当，此体遂废。盖自魏、晋以来，已误认此为赞。《集解》引晋灼语，已称"吴起赞"，梁昭明更误以《班书·叙传》为"述赞"矣。数千年来，学者无以此《序目》为伪者。王拯但知桐城文法，本不明著述体例、又短于考证，乃悍然谓为伪作，非子长元本，今录其说而驳之，亦足为好为议论者戒。

> 王氏曰："窃疑史公原文，至'自黄帝始'句而已毕矣。篇末'历述黄帝以来，至太初而讫，百三十篇'句，或当缀于此后，而'太史公曰'字，则少孙辈妄加。'维黄帝'以下酷似褚先生笔，又好用韵。全书纪、传，各有序、论、赞矣，兹何故于《自序》之后，又一一重为之词，且于义无所发明，于诸纪、表、志所言，大都义浅词

---

① 王节信《潜夫论》：王节信即王符。王符（约85—约163），字节信，安定临泾（今甘肃镇原）人。《潜夫论》有"叙录"，即《序目》。全书三十六篇，多讨论治国安民之术，亦涉及哲学问题。

庸。至诸列传，则于《范蔡》、《袁盎》、《万石君》、《平津侯》等篇，皆大谬于传中论著意指，《酷吏》、《大宛》亦然。《孟荀传》、《孟尝君传》次第颠倒，不独‘韩厥事晋匡周天子之赋’一语不知所自来也，篇中‘维我汉下’则更词复义支。至‘二十八宿环北辰，三十辐共一毂’等语，窃诸《老子》等书，义无所取，通史何尝有此文字，益疑其为后人妄增。虽归、方氏皆有评骘，不敢随声附和。且《汉书》本传载《自序》原文‘自黄帝始’以下即接序书目，第有篇名而已，师古注中所谓单目是也。”

按：王氏自谓能真辨别褚生笔邪，何以《三王世家》、《日者列传》仍然认褚生为司马也？且此篇何从断为酷似褚生？古书本多用韵，史公论中尤多有之，岂皆伪邪？凡百三十篇，每篇皆成首尾，并无序与论之名，后人姑名其系于首者为“序”，系乎末者为“论”，以便于称述耳。且史公并无赞，何以云各有序、论、赞？序本撮要，何必有所发明？传中意指隐微，往往繁迂其词乃能达，必责此数语中以发明，又愚而不当。“义浅词庸”，毋乃易言过，以奇求古人，遇不奇则以为庸，岂百三十篇篇皆奇邪？至所举大谬意指者，反皆正言。若反而非谬者，已各说于当条，《孟荀传》方评已详，非颠倒。《韩世家》语不详，或简脱，或别有据，己所不知，何可以疑古人？“维汉以下”乃纪传表志都数，非复也，总叙大义，何得为支？“二十八宿”一^①语，《正义》已详，义并不僻。史公学宗道家，本常引《老子》，何得为窃？《汉书》不全载《序目》之语，省略耳。古书并无单目，凡单目，皆后人加之。《易》、《书》以降，历历可数，皆有《序目》，无单目，师古并不谓《序目》为非，王氏岂据此便谓班所见无此《序目》邪？然则《汉书·叙传》何体也，班氏已曾见之，而谓作伪，何人伪之？吾知王氏将必曰作伪在班氏前，班氏不察，则王氏岂不读《三王世家》、《龟策列传》二篇，褚生记语，皆引《叙目》，而称《自序》为《太史公之传》。苟褚生作伪，何以自作而自引之？若谓作伪在褚生前，则褚生元、成间人，《史公书》布于宣帝时，仅数十年，岂便有作伪者？即有作伪者，褚生何容不察？己所不解，乃谓《史公书》方出便有人作伪，更谁信之？甚矣，其悍而愚也！

———————————

① 一：沪本作“二”，恐误。

追本诸神名山大川礼
此明封禅自有真也。

嘉伯之让以下

> 梁氏曰："诸世家各摘一事，以著作史之由，虽是举重言之，然岂因嘉一事而作乎？小司马及王若虚曾讥之矣。"

按：梁谓"举重"言之，是也。然《史》本不谓因嘉一事而作，吾三复之，乃知其为折衷《六艺》之意，今备释之。"嘉伯之让"，据孔子语，即所以冠世家之意，说在《伯夷传》中。后人误认此语，乃谓因表让而冠世家，非也。"嘉父之谋"，考信《诗》；"嘉旦金縢"，考信《书》；"嘉《甘棠》之诗"，考信《诗》；"嘉仲悔过"、"嘉彼《康诰》"，皆考信《书》。梁氏乃谓诰乃书册，何嘉之有？夫事可嘉，文不可嘉耶？"嘉微子问太师"，"嘉文公锡珪鬯"，皆考信《书》；"嘉庄王之义"，"嘉句践"，"嘉厉公纳惠王"，"嘉鞅讨周乱"，皆考信《春秋》。《春秋》师说不同，不必疑也。"嘉武佐晋文，申霸道"以下，亦皆依仿《春秋》之义。大氐史公作世家，自三晋以上，皆以《六艺》孔子为主，所采事不尽《六艺》孔子，而必举之，正以明"考信《六艺》，折衷孔子"也。

桀纣失其道云云
《困学纪闻》引郑樵说"汤武焉可与陈涉同日并议"？按：此言事之相发耳，郑氏本不满史公，故有此吹毛之论。"天下"二句，即所以列为世家之义也。

嘉夫德若斯
范棫①曰："后妃未闻有可嘉之德，且不知嘉何人，此语欠明。"按：此疑有脱误。

楚人围我荥阳以下
述萧曹以下之功，举其大者，明所以为世家。不然功臣列侯多矣，何

---

① 范棫：宋洛阳人，程颐弟子。程颐之葬，门人畏党祸，莫敢至。独范棫与孟厚、尹焞、张绎、邵溥送葬。黄震《日钞》谓《二程遗书》附录中年谱一篇，乃朱熹访其事于张绎、范棫、孟厚、尹焞而成。

不尽为世家邪？

让国饿死
明不信叩马事。

李耳无为条
此序语平列。序本约撮，不能详也。

天下患秦二条
用二"能"字。

秦所以东攘以下三条
"之策"、"之功"、"之计"，正见数传相次之意。

猎儒墨条
郑樵、何焯皆谓此不可解。方氏谓首句指荀，次句指孟，三句指孟，四句指荀。梁氏谓上二句指荀，下二句指孟。梁说胜。吴谓皆言孟子，则不考传文也。

能忍詢于魏齐条
此序并不谬于本传，但举其著名之事，如苏、张亦称其能矣。王氏疑之，浅也。

收西河以下四条
皆著其功。

欲详知秦楚之事条
此序独举周䌹，与《刺客》独举曹、豫，《平津主父》独举平津同，皆以撮要，故略。梁氏据《鲁仲连邹阳传·序》但举鲁，谓邹乃附传，非也。

敢犯颜色条
此与《平津主父序》皆止列其善，《史》本宽也，传论语因亦兼举其善矣。王氏乃以为大谬于传，非也。至《万石君》则史公本无刺意，而王氏亦以为大谬于传，则更强古人以从己矣。

自孔子卒条

方曰："伤武帝不能依古庠序以兴教化，而儒术变为文词之学也。《史》序多微文，不敢指斥。如酷吏，天下所共恶也，而序乃曰：'民奸宄弄法，善人不能化，唯一切严削为能齐之。'皆辞若褒而义存讥刺也。"

按：此说是也。王氏乃以为谬，岂未读传文"彬彬多文学"、"惨酷称其位"二语乎？

救人于厄条

止言仁义有取，郑樵谓序佞幸亦称其有所长，游侠未足为煦煦孑子之万一。王若虚亦以迁有取酷吏、佞幸为是非之谬，皆苛论也。古史容公之识不如是。

惟我汉至论考之行事

此节略说古今世变、文籍原流、学术异同，岂后人所能伪作乎？

贾生晁错明申商

此语前人多不满，不知贾生本兼儒法者也。

王迹所兴至弟七十

崔氏删此节序语，而以"十二本纪、十表、八书、三十世家、七十列传"十六字，及"凡百三十篇"至"六千五百字"数句移接"至于麟止"句下，又删去"为《太史公书》，略以拾遗补艺"二句。

其说曰："总述全书篇数，此大序也。以下分序各篇之意，此小序也。《汉书·序传》如此，知其本于《史记》也。各本退'大序'此文，入'小序'列传末篇中，倒乱甚矣。纪、表、书、世家、列传上，亦各加以序语，岂不与小序意重？叙八书，曰《礼》、《乐》、《律》、《历》、《兵》、《权》、《山川》、《鬼神》。《索隐》曰：'兵、权即《律书》，山川《河渠书》，鬼神《封禅书》。'是则《律书》重举，而《天官》、《平准》二书独遗。序三十世家云'三十辐共一毂'，惟此有所取象。纪表书传皆否，于文俱为不伦。"

按：崔说非也。大序、小序，乃崔氏臆说。先分后总，先总后分，均无不可。《班书·迁传·序目》与此同，崔氏何反不信，而远取班之序传为例。总言、分言，各有不同，何嫌于重？若嫌重，则分序亦可废矣，何独总序？八书之叙，本是统词，其文云："礼乐损益，律历改易，兵权、山川、鬼神，天人之际，承敝通变。"此文于八书有详有略，本不必一一分配。王先谦谓"天人"句指《天官》，"承敝"句指《平准》，亦拘论也。世家之叙曰"二十八宿环北辰，三十辐共一毂"，孟康以为象黄帝以下三十世家，颜师古非之，谓此言众星诸辐，若群臣尊辅天子。是也。本非以三十辐拟三十篇，若然，则二十八又何拟乎？后人妄谓十二本纪法十二月，八书法八风，十表法十干，三十世家法一月三十日，七十列传法七十二候，百三十篇法一岁加闰，章实斋已诃之矣。"为《太史公书》，序略以拾遗补艺"此二句，旧读以"序"字属上句，似非，"序略"谓次第大略，以拾放失，补《六艺》，与下云"协异传，齐百家"意一贯。此二语可见列传首数篇之旨，又可自谢刊落不尽之咎，安可删乎？

太史公曰云云

方曰："序既终而复出此十六字，盖举其凡计缀于篇终。"按：此犹唐以后钞刻书卷册之末，记某书终也。